Jürgen Dollase

Kochuniversität

Tomaten

Für Bärbel, Sophie und Sheila

Tre Torri

Kochuniversität – Tomaten
von Jürgen Dollase, Mönchengladbach

Herausgeber: Ralf Frenzel

www.tretorri.de

Umsetzung: CPA! Communications- und Projektagentur GmbH, Wiesbaden
www.cpagmbh.de

Die CPA! ist Mitglied der Deutschen Akademie für Kulinaristik und fördert Slow Food Deutschland e.V.

Gestaltung: Guido Bittner, Wiesbaden
Fotografie: Michael Link, Wiesbaden
Reinzeichnung: Peter Winkelmann, Wiesbaden
Reproduktion: Lorenz & Zeller, Inning
Druck und Bindung: Passavia Druckservice GmbH, Passau

Printed in Germany

ISBN 3-937963-42-1 / ISBN 978-3-937963-42-6 (ab Jan. 2007)

Inhalt

Wie funktioniert die Kochuniversität? 5

Produktvorstellung: Tomate 9

Level I

Nummer 1 **Tomatensalate** 11
Vinaigrette 12
Tomatensalat mit grünen Salaten 13
Tomatensalat mit Kräutern 13
Tomatensalat mit Texturen 14
Tomatensalat mit unterschiedlichen Temperaturen 15
Tomaten-Obstsalat 15

Nummer 2 **Tomatenconcassé** 16
Tomaten-Thunfisch-Sandwich 17

Nummer 3 **Gazpacho** 19

Level II

Nummer 4 **Ofentomate** 21
Geröstete Ofentomate mit Honig und Kräutern 22

Nummer 5 **Coulis Tomate-Olive** 24

Nummer 6 **Coulis Fraîcheur** 27

Beispiel für die Zusammenstellung der Elemente von Level II 29

Level III

Nummer 7 **Tomatensaucen** 31
Sauce 1: Handelsübliches „Passato" 32
Sauce 2: Passato, modifiziert 32
Sauce 3: Einfache Sauce mit frischen Tomaten 33
Sauce 4: Tomatensauce, klassisch 34
Sauce 5: Tomatensauce mit komplexen Aromen 35

Nummer 8 **Tomatenmarmelade/-chutney** 37
Tomatenmarmelade mit Kastanienhonig 38
Tomatenchutney 39

Nummer 9 **Tomatensäfte** 41
Tomatensaft mit Ingwer, Vanille und Curry I 42
Tomatensaft mit Ingwer, Vanille und Curry II 43
Warmer Tomatenfond mit Kräuter-Infusion 44
Tomatensaft mit Fruchtaromen 45

Level IV

Nummer 10 **Tomatensuppe** 46
Ungebundene Tomatensuppe 47

Nummer 11 **Gefüllte Tomaten** 49
Gefüllte Tomate mit Sauce Bolognese 50
Gefüllte Tomate mit Ratatouille und Garnelen 52

Nummer 12 **Tomatenragout im Schmortopf** 55
Tomatenragout aus dem Schmortopf 57

Level V

Nummer 13 **Trocknen, getrocknete Verwendungen, Frittieren** 59
Getrocknete Tomatenscheiben 60
Getrocknete Tomatenhaut 61
Frittierte Kirschtomaten 62
Tomatenbrot 64

Nummer 14 **Tomatengelees** 66
Festes Tomatengelee mit Balsamico 67
Klares Tomatengelee 68
Safran-Tomatengelee 69

Nummer 15 **Tomatenschäume, Tomaten-Air, Tomateneis** 70
Tomatensahne 71
Geeister Tomatenschaum I 72
Geeister Tomatenschaum II 73
Tomaten-Air I 74
Tomaten-Air II 75
Tomateneis 76

Level VI

Nummer 16 **Dessert-Tomate mit Vanillebutter** 77

Nummer 17 **Tomatentörtchen** 80
Mozarella-Creme 81
Geröstete Paprikastreifen 81
Tomatenconcassé und Aufbau des Törtchens 82

Nummer 18 **Gewürzvarianten** 84
Tomaten mit Reisessig, Soja und Zitronengras 85
Wok-Huhn mit Tomaten 86
Tomaten-Mango-Kompott 88
Tomatentatar mit frischen Kräutern 89

Level VII

Nummer 19 **Tomatenvariation** 90

Nummer 20 **Tomatencocktail mit dreierlei Tomatenzubereitungen** 93

Nummer 21 **Klare Tomatensuppe mit verschiedenen Tomatengelees, Fisch und Meeresfrüchten** 96

Anhang Wolfsbarsch mit Artischocken, Scheiben von Kapernbeeren, warmen Kirschtomaten und Coulis Tomate-Olive 100

Geflügelfond 101

Produktliste 102

Stichwortregister 110

Über den Autor 112

Wie funktioniert die Kochuniversität?

Die Kochuniversität ist anders als andere Kochbücher. Schon beim ersten Durchblättern werden Sie merken, dass es sich hier nicht um ein „normales" Kochbuch handelt, in dem eine Reihe von Rezepten abgebildet ist und am Ende vielleicht ein paar Grundzubereitungen zusammengestellt sind. Was nützt es Ihnen, wenn Sie das eine oder andere Rezept „schaffen", aber nicht wirklich wissen, was beim Kochen passiert und was man wie und warum macht.

Man kann das Problem an einem einfachen Beispiel erläutern. Es ist möglich, einige Sätze in englischer Sprache auswendig zu lernen und damit vielleicht in London ein Ticket für die U-Bahn oder eine Postkarte zu kaufen. Englisch sprechen kann man damit noch lange nicht. Ganz ähnlich funktioniert das normalerweise mit den Rezepten. Man liest die Anweisungen und entscheidet erst einmal, ob das zu schwierig klingt oder ob man das vielleicht schaffen kann. Dann führt man die Anweisungen aus und weiß normalerweise noch nicht einmal, ob das so richtig ist. Nehmen wir an, Ihre Lasagne sieht so ähnlich aus wie auf dem Foto im Buch, aber aus irgendwelchen Gründen schmeckt sie nicht gerade so, wie Sie das erwarten. Eigentlich sind Sie mit dem Ergebnis sogar überhaupt nicht zufrieden. Was werden Sie machen? Schieben Sie alles auf das Buch oder auf Ihre eigenen Fähigkeiten? Wie dem auch sei, das ist jedenfalls nicht der richtige Weg, um wirklich kochen zu lernen. **Wer kochen lernen will, muss lernen zu verstehen, was eigentlich beim Kochen passiert.** Wenn Sie wissen, durch welche Eingriffe eine Suppe ein schönes, tiefes Aroma bekommt oder wie ein Stück Fleisch wunderbar zart wird, werden Sie nicht nur die entsprechenden Rezepte korrekt ausführen, sondern bald auch ohne Rezepte improvisieren können oder Ihre eigenen Rezepte entwerfen. Sie werden sogar vielleicht in der Lage sein, vorhandene Rezepte etwas anders zu machen, weil Sie wissen, wie etwas besser funktioniert, als es dort beschrieben steht.

Hier setzt die Kochuniversität an. Ihr **Ziel** ist der **Aufbau kulinarischer Kompetenz**, die den Leser in die Lage versetzen soll, sehr viel selbstständiger zu denken und so das Beste aus seinen Möglichkeiten zu machen. Das geschieht auf eine ganz spezielle und neuartige Art und Weise:

Die Kochuniversität beginnt so einfach, dass buchstäblich jeder Interessierte sofort mit der Arbeit beginnen kann. Sie bleibt aber nicht auf diesem Niveau stehen, sondern führt in sieben präzise ermittelten Stufen bis zu ganz hervorragenden Kochleistungen. Sie ist also eine Art Lernprogramm, das wirklich etwas erreichen will und ganz natürlich davon ausgeht, dass das Erreichen auch anspruchsvollerer kulinarischer Ziele jedem mit etwas Interesse am Kochen möglich ist.

Ein solches Ziel kann nicht mit der üblichen Aneinanderreihung von mehr oder weniger einfachen Rezepten erreicht werden. Deshalb arbeitet die Kochuniversität mit vielen Varianten von Rezepten, bei denen es vor allem um präzise kulinarische Erläuterungen geht. Diese Erläuterungen reichen von der Küchentechnik bis zu Produktinformationen und einem ebenfalls neuartigen Element, der Sensorik des Essens. Sie werden verstehen, was passiert, warum es passiert, wo die Schwierigkeiten liegen oder was man sonst noch alles versuchen kann, um aus einfachen Dingen zuerst gute und am Ende sogar spektakuläre Dinge zu machen.

Aber keine Angst! Der Begriff „Kochuniversität" bezieht sich vor allem auf die systematische Erarbeitung des Kochens und bedeutet nicht automatisch, dass es kompliziert wird oder in sinnlose Details geht. In den Beispielen wird immer Wert darauf gelegt, nicht allzu seltene Produkte zu verarbeiten und trotzdem mit guten Ideen auch eine spannende Küche zu machen. Und noch etwas: Als langjähriger professioneller Restaurantkritiker habe ich eine klare Vorstellung von gutem Geschmack. Diesen Geschmack habe ich in einer Unzahl von Essen in den besten Restaurants der Welt geschult. Natürlich geht diese geschmackliche Vorstellung an vielen Stellen selbst in kleine Beispiele ein. Auf diese Weise geht es also nicht nur um die Kochtechnik, sondern auch um das systematische Erforschen eines guten Geschmacksbildes. Auch dazu gibt es eine Unzahl von Tipps und Tricks.

Nun aber zu den **sieben Stufen der Kochuniversität**. Die einzelnen Stufen entsprechen in etwa einem Lernprogramm und bauen aufeinander auf. Sie folgen bei allen Bänden der Kochuniversität einem bestimmten Schema, sind aber je nach Produkt etwas abgewandelt. Hier bei der Tomate ist es zum Beispiel sinnvoll, eine Reihe von Zubereitungen mit rohen Tomaten zu machen. Bei Band 2 der Kochuniversität, dem Schwein, gibt es zwar auch kalte Zubereitungen (zum Beispiel mit Schinken), aber nicht in dem Maße rohe Zubereitungen wie bei der Tomate.
Die bei der Erläuterung der sieben Stufen verwendeten Beispiele stammen aus dem vorliegenden Band.

Level I: Assemblagen, kalt, unbearbeitet, ohne Vorkenntnisse realisierbar

Beispiele: Tomatensalate in verschiedenen Varianten, Tomatenconcassé, Gazpacho
Unter „Assemblagen" werden hier Gerichte verstanden, die man quasi ohne weitere Behandlung (Zerschneiden oder Zurechtschneiden einmal ausgenommen) zusammenstellen kann. Das Beispiel Tomatensalat meint in diesem Zusammenhang das Zerschneiden von Tomaten und das Zusammenstellen eines Salates (und diverser Variationen) ohne jegliche küchentechnische Voraussetzung. Für diese Stufe sind keinerlei Vorkenntnisse erforderlich. Alle Einzelheiten zum Zustandekommen der einfachen Gerichte auf diesem Level werden erklärt. Auch wenn es sich hier um anspruchslose Zubereitungen handelt, wird das Abarbeiten dieser Stufe für alle empfohlen, die sich mit diesem Buch befassen. Die detaillierte Diskussion aller möglichen Details kann ohne weiteres auch für fortgeschrittene Köche von Interesse sein. Insbesondere die immer wieder kommenden Erläuterungen zur Sensorik sind neuartig und eröffnen eine andere Sicht auf die Entstehung von Qualität in der Küche.

Level II: Einfache Garungen und warme Verwendungen

Beispiele: Ofentomate, Coulis Tomate-Olive, Coulis Fraîcheur
Die einfachen Garungen bezeichnen den Übergang vom rohen zum gegarten Ausgangsprodukt, und das in einer Form, die in vielerlei Hinsicht leicht zu realisieren ist. Das Zusammentreffen erster zusätzlicher Aromen mit dem Ausgangsprodukt findet in einem handwerklich gut zu bewältigenden Bereich statt. Die ersten Manipulationen und Garungen laufen auf einem unkomplizierten und jederzeit einfach zu steuernden Level ab. Wieder sind die Erläuterungen dazu allerdings so, dass sie auch für etwas fortgeschrittene Köche interessante Perspektiven bieten. Darüber hinaus sind die Beispiele immer auch kulinarisch interessant bis neuartig.

Level III: Würzungen/Aromatisierungen, warm/kalt

Beispiele: Diverse Tomatensaucen, Tomatenmarmelade/Tomatenchutney, Tomatensäfte und -infusionen
Das Würzen und Aromatisieren von Zubereitungen mit Tomate besteht nur zu einem Teil aus der Kenntnis gut passender Gewürze. Mindestens genauso wichtig ist, dass man lernt, wann etwas als „gut gewürzt" zu bezeichnen ist. Zutatenlisten und Mengenangaben sind nur eine Hilfestellung und ein ungefährer Wert. Erst die genaue Beobachtung der Entwicklung von Aromen in einer Sauce oder Flüssigkeit und die daraus gezogenen Konsequenzen (also zum Beispiel die Absicht, mehr oder weniger zu würzen) ermöglichen den wesentlichen Schritt zur eigenen kulinarischen Entscheidung. Diese größere Selbstständigkeit ist der Schlüssel zu weiteren Steigerungen der Küchenleistungen.
Speziell bei den Tomatensaucen beginnt die Kochuniversität mit einfachsten Saucen und minimalen Zutaten. Mit weiteren Beispielen wird Schritt für Schritt die Komplexität gesteigert. Moderne Zubereitungen wie diverse Tomatensäfte mit originellen Zutaten führen langsam in die kreativeren Rezepte ein.

Level IV: Komplexe Garungen und Aromen/ Typische Verwendungen

Beispiele: Ungebundene Tomatensuppe, Gefüllte Tomaten, Tomatenragout aus dem Schmortopf
Die Fortsetzung der schon etwas entwickelteren Tomatensaucen ist zum Beispiel eine konsequent aufgebaute Suppe mit einem Maximum an Aroma und großer Komplexität. Die Entscheidungen werden zahlreicher und differenzierter, weil sie verschiedene Zusammenhänge betreffen und nicht mehr nur die Flüssigkeiten. Texturen und diverse sensorische Komponenten beginnen eine Rolle zu spielen. Bei dem Schmortopf wird erstmals

eine Garung realisiert, die nach einem bestimmten zeitlichen Schema abläuft und im Endprodukt verschiedene Garzustände kombiniert. Klassische Verwendungen wie mit Sauce Bolognese gefüllte Tomaten zeigen nicht nur, dass die Beherrschung traditioneller Rezepte überschaubar ist, sondern auch, in welcher Weise sie variiert und optimiert werden können.

Level V: Aggregatzustände/ Transformationen

Beispiele: Getrocknete Tomatenscheiben, Frittierte Kirschtomaten, Tomatenbrot, Tomatengelees, Tomatenschäume, Tomaten-Air, Tomateneis

Auf dieser Stufe kommt es zu verschiedenen Begegnungen mit der moderneren Küche, bei der die Veränderung der Aggregatzustände (also des ursprünglichen Zustandes eines Produktes entlang der Skala von getrocknet bis flüssig oder von warm bis kalt) eine große Rolle spielt. Es wird deutlich, wie vielfältig man mit dem Ausgangsprodukt umgehen kann und welche Vielzahl von Verwendungen in Gerichten mit ihnen möglich ist. Modernere und teilweise sehr neue Techniken der zeitgenössischen Küche werden vorgestellt und in ihren kulinarischen Zusammenhang eingeordnet. Mit diesem Kapitel ist ein wesentlicher Zuwachs an Möglichkeiten verbunden, der auch für andere Bereiche der Küche nützlich sein kann.
Wie bei vielen Beispielen werden auch hier originelle Lösungen und Aromen präsentiert.

Level VI: Kreative Ansätze

Beispiele: Dessert-Tomate, Tomatentörtchen, Gewürzvarianten

Die Möglichkeiten zur kreativen Arbeit sind bei den meisten Produkten sehr viel größer, als man es normalerweise vermutet. Auf Stufe VI wird vermehrt auf kreative Beispiele eingegangen, und zwar sowohl aus dem modernen wie aus dem eher klassischen Bereich.
Am Beginn steht mit einer Dessert-Tomate mit vielen Gewürzen eine vor allem aromatisch spektakuläre Kreation. Der Sinn der Stufe VI ist die gedankliche Öffnung für neue Formen aromatischer Kombinationen. Über die Öffnung für Neues und Ungewöhnliches soll darüber hinaus aber auch eine Öffnung für den Mut zu eigenen Ideen erreicht werden. Dabei soll klar werden, dass neue Ideen nicht unbedingt schwierige handwerkliche Manipulationen zur Folge haben, sondern in erster Linie eine Sache des schon etwas fortgeschrittenen kulinarischen Denkens sind.

Level VII: Komplexe Konstruktionen

Beispiele: Tomatenvariation, Tomatencocktail mit dreierlei Tomatenzubereitungen, Klare Tomatensuppe mit verschiedenen Tomatengelees, Fisch und Meeresfrüchten

Die höchste Stufe der Kochuniversität schafft den Anschluss an einen Typus von Gerichten, wie man ihn aus der zeitgenössischen Spitzengastronomie her kennt. Die Beispiele dieser Stufe vereinen spektakuläre Optik mit einer Vielzahl von Details, die man erst lösen kann, wenn man über die Vorkenntnisse aus den anderen Stufen verfügt. Die Komplexität der Beispiele liegt aber nicht allein in einem gewissen handwerklichen Aufwand, sondern in der Anforderung an das kulinarische Verständnis größerer Zusammenhänge. Bei den „Komplexen Konstruktionen" wird es notwendig, die Details so zu gestalten, dass sie in einen größeren Zusammenhang passen und perfekt ihre Rolle spielen. Wer dieses Wissen sicher anwenden kann, wird in Zukunft wesentlich anders kochen und hat alle Chancen, auch zu einer eigenen kulinarischen Sprache zu finden.

Die Sensorik: Ein neuer Schwerpunkt bei Kochen und Essen

Seit vielen Jahren redet man beim Geschmack immer davon, dass der Mensch bestimmte Grundaromen wie süß, salzig, sauer, bitter und neuerdings „umami" (Geschmack des Natriumglutamats, das vor allem in der chinesischen Küche oft benutzt wird) unterscheiden kann. In der modernen Küche und vor allem durch die Arbeit des spanischen Avantgarde-Kochs Ferran Adrià ergab sich etwa seit den 90er Jahren des letzten Jahrhunderts plötzlich ein völlig anderes Bild. Man achtete nun nicht mehr allein auf die Aromen im engeren Sinne, sondern auf das, was sich tatsächlich beim Essen alles im Mund abspielt. Es stellte sich schnell heraus, dass die Textur (also hart, weich, flüssig, elastisch usw.) oder die Temperatur eines Elements mindestens ebenso wichtig ist wie sein Aroma. Um auf diesen Zusammenhang hinzuweisen, befasste Adrià sich vor allem damit, die Texturen zu verändern, um damit die Erwartungen an ein bestimmtes Essen gezielt nicht zu erfüllen. Also gab es bei ihm zum Beispiel die Gemüsesuppe in Form von Gelees der einzelnen Bestandteile oder das Eis in

Pulverform. Kurz: Adrià hat mit seinen Forschungen auf die große Bedeutung der kompletten Sensorik (wozu im Grunde auch noch das Riechen und das Hören zählen) hingewiesen. Im Jahr 2005 habe ich in meiner „Geschmacksschule" ein System zur Beschreibung von geschmacklichen Verläufen beim Essen vorgestellt, das erstmals das, was beim Essen im Mund passiert, konkret grafisch erfasst und beschrieben hat. Meine Geschmackskurven zeigen ganz deutlich, welch vielfältige Vorgänge beim Essen zu beobachten sind und wo der Grund für bestimmte Geschmackserlebnisse (wie zum Beispiel Überlagerungen von Aromen) zu finden ist. Sie zeigen auch, warum etwas gut funktioniert und welche Fehler man als Esser und als Koch, der das Essen so zusammengestellt hat, begehen kann.

Ausgangspunkt ist die Erkenntnis, dass jedes einzelne Produkt im Mund einen bestimmten Verlauf der geschmacklichen Wahrnehmung hat. Wer also auf einen Kartoffelchip beißt, wird zuerst ein großes Krachen im Mund haben, das Aroma des Chips aber noch gar nicht wahrnehmen können. Andere Produkte, wie etwa Fleisch, machen zu Beginn keinen so großen Effekt wie ein Kartoffelchip. Ihr Aroma entwickelt sich erst durch das Zerkauen, bleibt dann eine Zeit lang präsent, bevor es wieder nachlässt und man im Mund nur noch den leicht faserigen Eindruck des zerkauten Fleisches hat. Eine solche Geschmackskurve hat einen typischen Verlauf, der von vier Abschnitten geprägt ist. Die folgende Abbildung zeigt für A („Attack") den Bereich, in dem sich der Effekt entwickelt. P („Plateauphase") beschreibt den Bereich, in dem der Effekt voll wirksam ist. D („Decay") steht für das Nachlassen des Effektes und S („Sustain") für den Nachhall nach dem Schlucken. „Effekt" ist das hier genannt, weil es nicht nur um die Entwicklung des Aromas geht, sondern zum Beispiel auch um den beschriebenen Kross-Effekt.

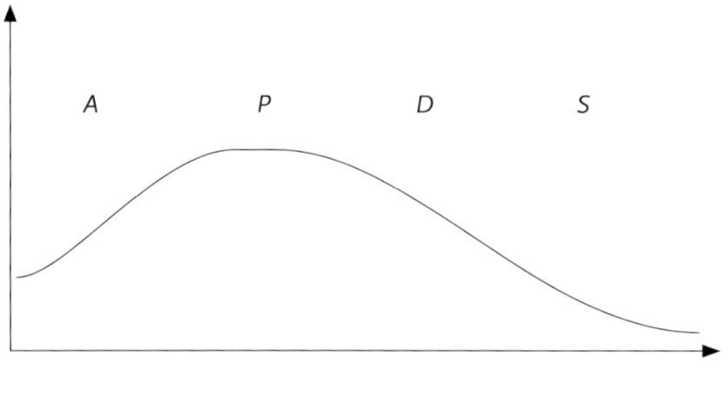

Die folgende Kurve zeigt nun die Abläufe der beiden genannten Effekte gleichzeitig, also eine recht steil abfallende Kurve für den Kartoffelchip und eine ansteigende und später wieder flacher werdende Kurve für das Fleisch.

Zur Interpretation der Kurve hier nur ein kleiner Hinweis: Es wird zum Beispiel deutlich, dass das Krachen des krossen Kartoffelchips den Beginn des Kauens auf dem Fleisch überlagert. Etwas später ist dann das Krachen so wenig geworden, dass das Fleisch – bei dem dann die Plateauphase erreicht ist, die uns das eigentliche Aroma bringt – sich durchsetzt.

Wenn man sich nun vorstellt, in welcher Weise ein Gericht, bei dem wir fünf oder sechs Elemente auf der Gabel haben, dargestellt werden könnte, wird klar, wie komplex das Geschehen ist. Es wird aber auch klar, dass die Ereignisse im Mund sehr davon bestimmt sind, wie wir eine Gabel oder einen Löffel zusammenstellen und welche Elemente in einem Gericht angeboten werden.

Bei der Kochuniversität finden sich zu fast allen Rezepten sensorische Erläuterungen, die sowohl auf Zusammenhänge hinweisen als auch dafür sensibilisieren, anders zu essen und bei der Konzipierung von Gerichten die sensorischen Aspekte nicht außer Acht zu lassen.

Produktvorstellung: Tomate

Die Tomate hat heutzutage ein sehr zwiespältiges Image. Einerseits ist sie eines der populärsten Nahrungsmittel überhaupt und zählt für viele Menschen zu den absoluten Grundnahrungsmitteln. Andererseits will speziell in unseren Breitengraden die Diskussion über ihre Qualität einfach nicht enden. Die Tomaten aus den Niederlanden, die nur noch in Gewächshäusern aufgezogen werden und nach weit verbreiteter Meinung keinerlei Aroma haben, sind immer noch ein Thema. Zweifellos ist die Diskussion um die Qualität der Tomaten angebracht, weil immer noch völlig geschmacksfreie Exemplare in den Handel kommen. Mittlerweile haben aber gerade die Niederländer reagiert und liefern nun große Mengen von kräftig duftenden Strauchtomaten, die auch prompt ihre Anhänger bei uns gefunden haben. Der eine oder andere schwört auch auf besondere Sorten, wie etwa die leicht ovalen „Roma"-Tomaten, oder gar auf Spezialerzeuger, die begonnen haben, einmal andere Tomatensorten zu züchten und sich aus dem riesigen Fundus an Sorten zu bedienen.

In diesem Buch geht es nun ohnehin nicht allein um die Tomate, sondern um das Kochenlernen im Sektor Tomate. Es ist also nicht zu erwarten, dass hier eine endlose Liste von Tomatensorten präsentiert wird, die man ohnehin nirgendwo kaufen kann. Vor allem muss man die Illusion begraben, es gäbe irgendwo eine grundsätzlich gute Tomate zu kaufen. Um es ganz deutlich zu sagen: Es gibt keine Tomatensorte, die man sozusagen blind kaufen könnte. Es gibt auch keine Möglichkeit, der Tomate ihre Qualität anzusehen – von den offensichtlichen Schäden wie Druckstellen oder Unreife einmal abgesehen. Was bleibt, ist nur das Probieren. Im Grunde sollte man darauf bestehen, ein kleines Stückchen einer Tomatensorte zu probieren, die man kaufen möchte. Alles andere hilft wenig.

Und – Vorsicht im Detail! Die beliebten Strauchtomaten riechen oft sehr verführerisch „nach Tomate". Was dort so intensiv riecht, ist allerdings meist das Grün, das wohl aus diesem Grund an den Tomaten belassen wird. Über die Qualität der eigentlichen Tomate sagt das wenig.

Wie aber schmeckt nun eine gute Tomate? Man ist geneigt zu sagen: „Vor allem nach Tomate". Mit anderen Worten: Von einer hervorragenden Tomate sind keine Wunderdinge zu erwarten. Das Aroma sollte vor allem nicht zu sehr wie unreifes, leicht säuerliches und noch sehr „pflanzlich" schmeckendes Material wirken. Das Fruchtfleisch ist bei reifen Tomaten gleichmäßig gefärbt, während es bei unreifen nach innen heller wird. Das Aroma ist komplex und hat eine leicht süßliche Note. Apropos Aroma. Es ist eine der ganz großen „Ungereimtheiten" der Küchenarbeit, warum bei der Tomate das Kerngehäuse entfernt oder die Haut abgezogen wird. Tatsache ist: Ein Hauptteil des Aromas der Tomate findet sich in diesem Kerngehäuse und vor allem in der leicht glibberigen Substanz darin. Diese Substanz bildet übrigens die Grundlage für das „Tomatenwasser", eine klare Flüssigkeit, die in einem speziellen Verfahren gewonnen wird (siehe dazu den Verweis im Stichwortregister) und zu den Naturelementen gehört, die die beste und komplexeste Würze haben.

Die kulinarischen Perspektiven der Tomate sind endlos. Es gibt wohl kaum ein Produkt, das in allen Bereichen der Küche so gut verwendet werden kann wie die Tomate – inklusive der Desserts, wie in diesem Buch an einem spektakulären Beispiel gezeigt wird. Das Tomatenaroma verträgt sich quasi mit allen anderen Aromen, unter anderem deshalb, weil es zwei ganz unterschiedliche Aromen hat, je nachdem, ob die rohe oder die gegarte Tomate verwendet wird. In diesem Buch wird nun das ganze Spektrum von Tomatensalaten bis zu größeren Kompositionen und Variationen vorgestellt. Die Tomate zeigt sich dabei als ein besonders „pflegeleichtes" und ergiebiges Grundprodukt. Man kann es überall kaufen, es ist nicht zu teuer, und man kann unglaublich viele Dinge mit ihm machen.

Tomatensalate

Ein Tomatensalat kann die einfachste Sache der Welt sein, mag aber auch zu einer interessanten kulinarischen Kreation werden, ohne dass irgendwelche komplizierten Dinge zubereitet werden müssen. Bei Beachtung von ein paar kleinen logischen Details wird man in kürzester Zeit ein völlig anderes Niveau erreichen, als dies normalerweise der Fall ist. Bei jedem Salat sind folgende Punkte für die Qualität entscheidend:

Die Vorbereitung der einzelnen Elemente.

Dazu gehört z. B. die Frage, was von den einzelnen Salatsorten verwendet werden soll. Der Strunk oder Stiel vieler Salatblätter ist sehr bitter, und zu große Stücke davon können im Zusammenhang störend wirken. Bei den Tomaten geht es z. B. darum, ob das Kerngehäuse entfernt wird oder nicht.

Die Proportionen der Elemente zueinander.

Ein Salat lebt davon, dass die richtige Größe der Stücke sorgfältig bestimmt wird. Dazu gehört zuerst die mundgerechte Größe, dann aber auch das Verhältnis der Stücke zueinander. Dem Esser wird es einfach leichter gemacht, wenn man bedenkt, dass ein minimales Würfelchen Tomate mit einem großen Salatstrunk einfach nicht gut zusammenpasst. Alle Elemente sollten so dimensioniert sein, dass sie ohne Probleme miteinander zu kombinieren sind, um dabei interessante Akkorde zu erleben.

Die Komposition des Salates.

Während die Proportionen der Elemente zueinander eine Basis-Voraussetzung sind, hat die Komposition darüber hinaus etwas mit der aromatischen und texturellen Vielfalt zu tun.

Die Vinaigrette.

Eine Vinaigrette (oder Salatsauce) ist das verbindende Element in jedem Salat. Dadurch, dass jedes Element des Salats etwas von der Vinaigrette abbekommt, werden die Elemente aromatisch etwas ähnlicher. Zu schmecken ist immer die Vinaigrette plus die jeweiligen Elemente des Salats. Eine gute Vinaigrette ist so zusammengesetzt, dass sie den einzelnen Elementen nicht zu viel von ihrem Eigengeschmack nimmt. Eine ganz besonders gute Vinaigrette schafft es unter Umständen sogar, die etwas „unerwünschten" Teile des Geschmacks (z. B. leicht bittere Aromen) durch aromatische Überlagerung quasi zu beseitigen. Bei einem eher bitteren Salat mit einem hohen Anteil von bitteren Strunk- oder Stiel-Elementen wäre es z. B. möglich, mit einer etwas süßlichen Vinaigrette unter Verwendung von Honig diese Bitterkeit auszugleichen. Der Begriff „Vinaigrette" wird mittlerweile für alle möglichen Salatsaucen eingesetzt.

Vinaigrette

Allgemeine Erläuterungen: Da wir uns hier bei den Tomatensalaten befinden, wird als Beispiel eine **Vinaigrette** behandelt, die im Zusammenhang mit den Tomaten nützlich ist. In diesem Falle bedeutet das etwa die Verwendung von Olivenöl und nicht z.B. des wesentlich neutraler schmeckenden Sonnenblumenöls und auch nicht die Verwendung der eher speziell und sehr kräftig schmeckenden Nussöle.

Zutaten Basisrezept:

Für 2 Personen

1 EL Weinessig
3 EL Olivenöl
Salz
Pfeffer aus der Mühle

Zubereitung: Alle Zutaten miteinander gut vermischen, bis eine homogene Flüssigkeit entsteht.
Erläuterungen Vinaigrette:
Die Mengenangaben sind Proportionen, das heißt, dass für die doppelte Menge 2 EL Essig, 6 EL Olivenöl, eine größere Prise und entsprechend mehr Pfeffer gebraucht wird. Die Vermischung mit einer Gabel bringt schneller einen guten Mix als mit einem Löffel.

Diese Standard-Proportion ergibt in jedem Falle eine erprobte Balance zwischen den Zutaten. Zwei Punkte müssen an dieser Stelle aber angesprochen werden, deren Kenntnis uns ganz entschieden weiterbringt. Zunächst geht es um **die verwendeten Grundzutaten**. Es gibt eine Unmenge verschiedener Essige und eine noch größere Menge verschiedener Öle, es gibt viele verschiedene Salzsorten und eine ganze Reihe verschiedener Pfeffer. Soll einigermaßen neutral gearbeitet werden, empfiehlt sich ein neutraler Essig wie ein einfacher Weinessig. Besser ist z.B. der wesentlich komplexere, aber immer noch nicht aufdringlich schmeckende Sherry-Essig. Parfümierte Essige (z.B. mit Kräutern) eignen sich nur für spezielle Einsätze, weil immer die Gefahr besteht, mit dem Aroma alles andere uniform aromatisch einzufärben. Teure Balsam-Essige lohnen sich nur dann, wenn eine ganz besonders hochwertige Kombination begleitet werden soll. Ein Beispiel dafür wäre eine Vinaigrette für ganz junge Gemüse wie Zuckerschoten, junge Erbsen, Rübchen, grünen Spargel usw. Bei den Ölen und selbst bei den hier interessierenden Olivenölen gibt es extreme Unterschiede. Manche schmecken sehr frisch, andere wieder ausgesprochen intensiv nach reifen Oliven. Die Anzahl der Variationen für eine einfache Vinaigrette ist allein schon von den Grundprodukten her unendlich. Es geht hier aber nicht darum, eine verwirrende Vielfalt darzustellen, sondern ausschließlich darum, Zusammenhänge zu verstehen. In diesem Fall sollte klar sein, dass mit den Zutaten einer Vinaigrette die vielfältigsten Dinge gemacht werden können. Der zweite Punkt betrifft die Art der **Emulsion**, also die Vermischung der Elemente einer Vinaigrette. Wenn Sie eine Vinaigrette im Handel kaufen, ist diese meistens völlig homogen, Essig und Öl sind vollständig miteinander vermischt. Wenn Sie eine solche Vinaigrette einsetzen, aromatisiert sie die Teile des Salats immer gleichmäßig. Das muss aber nicht unbedingt die beste Lösung sein. Gerade bei der Verwendung besserer Zutaten ist es oft sehr viel interessanter, Essig und Öl nur grob miteinander zu vermischen. Die Vinaigrette sieht dann etwas „fleckig“ aus. Auf dem Teller ist das allerdings durchaus dekorativ und vor allem aromatisch interessant: Mal schmeckt der Salat etwas stärker nach Essig, mal etwas stärker nach Öl, und die hochwertigen Elemente bleiben identifizierbar. Die besten Köche der Welt haben das längst erkannt und benutzen so gut wie nie die „traditionelle“ Form einer unnötig homogenisierten Vinaigrette.
Variationsmöglichkeiten der Vinaigrette: Es gibt kaum eine **Grundzubereitung** (das heißt Basis für verschiedene Verwendungen oder Versionen), von der es so viele Variationen gibt wie von der Vinaigrette. Die unendliche Vielfalt der Öle und Essige darf jederzeit auch noch um eine Unmenge von Zutaten erweitert oder variiert werden. Dazu gehören alle möglichen Flüssigkeiten wie Fonds/Brühen, Fruchtsäfte, Alkoholika (Sherry, Rum, Portwein, Wein), aber auch alle möglichen kleinen Bestandteile wie weitere Gewürze (z.B. Curry oder Ingwer), fein gehackte Nüsse oder Kräuter und nicht zu vergessen der „klassische“ Senf. Einlagen etwas größerer Art wie Fruchtstücke, Pilze oder Gemüse sind ohne weiteres denkbar. Die Vinaigrette ist ein wunderbares Medium, um erste Versuche im Kreativsektor zu machen. Das Gerüst von Essig, Öl, Salz und Pfeffer verträgt eine ganze Menge an Variationen.

Tomatensalat mit grünen Salaten

ZUTATEN:
Tomaten und Salate etwa im Verhältnis 1:1 (Volumen, nicht Gewicht), z. B. Grüner Salat, Frisée-, Eichblatt-, Eisbergsalat, Rucola
Vinaigrette (s. Seite 12)

ZUBEREITUNG: Die Tomaten halbieren und den grünen Stielansatz herausschneiden. Die Hälften nochmals halbieren und entlang des Tomatenfleisches die Kerne entfernen. Nochmals in mundgerechte Stücke zerteilen (je nach Größe). Von den Salaten nur die Blätter, nicht die dickeren Stiele/Strünke verwenden. Ebenfalls in mundgerechte Stücke zupfen. Die Rucola-Blätter ganz belassen, wenn sie nicht zu groß sind, ansonsten kleiner zupfen.
Die Vinaigrette herstellen. Salat auf dem Teller verteilen und erst im letzten Moment die Vinaigrette sorgfältig über alles träufeln.

Tomatensalat mit Kräutern

ZUTATEN: Tomaten
diverse Kräuter wie Basilikum, Majoran, Thymian, Oregano, Kerbel etc.
Vinaigrette (s. Seite 12)
etwas fein gehackte frische Kräuter

ZUBEREITUNG: Die Tomaten halbieren und vom grünen Stielansatz befreien. Nochmals halbieren und die Viertel quer in mundgerechte Stücke zerteilen. Nicht das Kerngehäuse entfernen! Die Kräuter säubern. Dazu je nach Kraut z. B. bei Majoran, Thymian, Oregano und Kerbel die Blätter abzupfen und/oder die Blätter etwas kleiner zupfen wie unter Umständen beim Basilikum. Großzügig über die Tomaten geben und alles zusammen vorsichtig mischen.
Für die Vinaigrette eine gute Menge möglichst verschiedener Kräuter fein hacken und im letzten Moment vor dem Servieren in die Vinaigrette einrühren. Auf dem Teller vorsichtig über den Salat verteilen.

Tomatensalat mit Texturen

Allgemeine Erläuterungen: Mit „Texturen" sind hier Zutaten gemeint, die sich in ihren **Texturen** (also hart, weich, kross, mürbe etc.) deutlich unterschieden. Diese unterschiedlichen Texturen beleben den sensorischen Eindruck eines Salates ganz außerordentlich.

Zutaten: Tomaten
Toastbrot
Schinken, roh
Paprika
Pinienkerne
Walnusskerne oder Pekannuss
Apfel
Standard-Vinaigrette
Parmesan, am Stück

Zubereitung: Die Tomaten halbieren und vom grünen Stielansatz befreien. Nochmals halbieren und entlang des Tomatenfleisches das Kerngehäuse herausschneiden. Quer in mundgerechte Stücke zerteilen. Toastbrot entrinden, in Würfel von etwa 0,5 x 0,5 cm schneiden und auf einem Backblech bei 90 Grad Umluft im Ofen ca. 15 Minuten trocknen lassen. Schinken auf einem mit Backpapier ausgelegten Rost etwa 30 Minuten ebenfalls im Ofen trocknen lassen. Die Paprika entkernen, von weißen Stellen befreien und klein würfeln. Pinienkerne in einer beschichteten Pfanne erhitzen, ab und zu umrühren, bis sie leicht gebräunt sind. Walnusskerne mit der Hand in kleine Stückchen zerbröseln, Apfel in ca. 0,5 x 0,5 cm große Würfel schneiden. Die Zutaten so auf dem Teller anrichten, dass ein möglichst vielfältiges Bild entsteht. Kurz vor dem Servieren mit der Vinaigrette beträufeln und über alles Parmesan hobeln.

Alternative zur Vinaigrette: Gerade beim Textursalat ist es möglich, eine **„falsche" Vinaigrette** einzusetzen. Die Elemente der Vinaigrette werden dabei nicht vermischt, sondern einzeln über den Salat gegeben. In diesem Falle werden zuerst die Tomatenstücke mit etwas Salz und Pfeffer gewürzt. Das Olivenöl und der Essig werden mit einem Esslöffel über alles gegeben. Der Effekt ist, dass an bestimmten Stellen z. B. das Salz- oder Pfefferaroma überwiegt, an anderen nur Olivenöl oder nur Essig zu finden ist. Das Geschmacksbild wird dadurch noch vielfältiger.

Tomatensalat mit unterschiedlichen Temperaturen

Für 4 Personen

Zutaten: 500 g Kirschtomaten, möglichst klein nach Belieben eine geringe Anzahl kleiner Elemente (aus dem Textur-Salat, s. Seite 14), Nussvinaigrette (mit Walnussstücken oder Stückchen von Pekannuss)

Zubereitung: Die Tomaten werden in verschiedene „Zustände" gebracht. Für die kalten Tomatenspalten die Tomaten halbieren, vom grünen Stielansatz befreien und das Kerngehäuse entfernen (s. Seite 14). Die Tomate in mundgerechte Stücke schneiden. Für die warmen und kalten Tomatenwürfel werden die entkernten Tomatenspalten in grobe Würfel geschnitten und zur Hälfte kurz im Kühlschrank gekühlt, zur Hälfte in einer beschichteten Pfanne kurz erwärmt. Die Kirschtomaten zur Hälfte unbehandelt lassen, die andere Hälfte in heißem, aber nicht kochendem Wasser fünf Minuten erhitzen. Die Tomaten müssen dabei unbedingt unbeschädigt und fest bleiben. Für die Nussvinaigrette eine Standard-Vinaigrette (s. Seite 14) mit fein gehackten Walnussstückchen vermischen.

Tomaten-Obstsalat

Für 4 Personen

Zutaten: (Im Verhältnis 1:1 Tomate: Früchte)
250 g Tomaten
250 g schnittfeste Früchte, z. B. Mango, Ananas, Apfel, Birne, Papaya
Orangenzesten
Zitronenzesten
Orangen- und/oder Fruchtsaft
Vinaigrette (s. Seite 12)

Zubereitung: Die Tomaten von Stielansatz und Kernen befreien und in mundgerechte Stücke zerkleinern (siehe oben). Früchte in etwas kleinere Stücke zerteilen. Vorsichtig mit den Tomatenstücken vermischen. Über alles etwas **Zesten** (kleine Stückchen von der Schale ungespritzter Orangen und Zitronen, mit einem **„Zestenreißer"** gewonnen oder mit einem Messer abgeschabt) verteilen. Eine Standard-Vinaigrette mit etwas Orangen- oder anderem Fruchtsaft so vermischen, dass der Fruchtanteil deutlich, aber die Säure vom Essig noch klar zu wahrzunehmen ist. Zum Servieren über den Salat geben.

Tomatenconcassé

Allgemeine Erläuterungen: Das französische Wort „concassé" bedeutet „zerkleinert, zerstoßen, zerhackt". Auf die Tomate bezogen, werden damit üblicherweise Tomatenwürfel bezeichnet, die zusätzlich mit einem großen Messer noch etwas weiter zerkleinert wurden. Für Tomatenwürfel wird die Tomate halbiert und der grüne Stielansatz herausgeschnitten. Dann halbiert man die Hälften nochmals (hat also Achtel) und schneidet innen entlang der festeren Außenhaut das Kerngehäuse heraus. Diese Achtel werden längs in Streifen geschnitten und anschließend gewürfelt.
Eine ebenfalls häufig angewandte Technik ist die Herstellung der Würfel von enthäuteten Tomaten. Diese Technik wird später (unter Nummer 13) erläutert. Für das Tomatenconcassé ist sie kaum nötig, unter anderem auch deshalb, weil das Entfernen der Haut einen Aromenverlust mit sich bringen würde.
Ein Tomatenconcassé ist ein sehr einfaches und sehr nützliches Element. Es macht bereits Sinn, die Tomatenwürfel nur mit etwas gutem Salz (siehe Produktliste unter „Salz") zu bestreuen und kurz ziehen zu lassen. Wenn das verwendete Salz eine gute Qualität hat (wie zum Beispiel das „Fleur de Sel"), wird sich eine sehr gute Würze einstellen. Vor allem aber ist das Tomatenconcassé sehr „geduldig" und verträgt fast unbegrenzte Kombinationsmöglichkeiten. Im Prinzip vereinigt es die Vorteile eines festen Elements mit denen eines flüssigen Elements. Die (festen) Würfel können – ganz ähnlich wie bei einem Salat – mit anderen Elementen kombiniert werden. Der austretende Saft wird wie eine Sauce behandelt und wie diese gewürzt oder variiert. Der Aufwand für diese Modifikationen ist minimal und der Phantasie sind dabei kaum Grenzen gesetzt. Ausgesprochen gut reagiert das Tomatenconcassé auf verschiedene Öle und Essige, auf Tropfen von Fruchtsäften, auf Fruchtpürees, auf verschiedene Sorten Salz und Pfeffer oder fein gehackte Kräuter.

Sensorische Erläuterungen: Ein Tomatenconcassé fällt – unter sensorischen Aspekten gesehen – sehr unterschiedlich aus, je nachdem in welchem Zustand es sich befindet. **Würfel von reifen Tomaten** sind sehr weich und sorgen für eine schnelle Auflösung beim Zerhacken. In dieser Form nähert sich das Tomatenconcassé einer Sauce und wirkt mit verschiedenen Zutaten und etwas Umrühren sehr schnell wie ein Kompott. **Würfel von noch nicht ganz reifen Tomaten** haben etwas Biss und wirken dagegen eher wie ein Salat – zumindest wenn sie mit weicheren Elementen kombiniert werden (z.B. Reis oder Nudeln). Werden sie mit anderen **krokanten** Elementen (also Elementen mit etwas Biss) kombiniert, können sie andererseits deutlich weicher wirken. Ein Tomatenconcassé mit Nussstückchen hätte zur Folge, dass man wesentlich länger auf den Nussstückchen kaut als auf den Tomaten, weil sich diese schneller auflösen. Im Endeffekt würde sich auf diese Weise ein zeitlicher Ablauf der Wahrnehmung einstellen: erst die Tomate, dann die Nüsse. Eine große Rolle spielt auch die **Temperatur der Tomate**. Grundsätzlich kann ein Tomatenconcassé auch erwärmt werden. Am besten eignen sich dazu beschichtete Töpfe und Pfannen, weil dann ein Erhitzen ohne Fett möglich ist und die Tomaten nicht so schnell ansetzen. Im Zusammenhang mit anderen warmen Produkten vermischt sich z.B. ein warmes Tomatenconcassé von reifen Tomaten sehr schnell mit dem Produkt (zum Beispiel ein Stück gebratener Fisch) und bildet einen Misch-Akkord. Andererseits ist es unter Umständen durchaus sinnvoll, ein Tomatenconcassé vor dem Einsatz im Kühlschrank abzukühlen. Wir nehmen von kalten Elementen im Mund zuerst nur die Kälte, nicht aber das Aroma wahr. Es kommt also zu einer zeitlichen Entwicklung von der Wahrnehmung der Kälte bis zu der des Aromas. Neben einer Überlegung zur Aromatisierung des Tomatenconcassés ist also auch eine Überlegung zur **Temperatursteuerung** möglich. Im weiteren Verlauf der Arbeit mit der Tomate werden dazu differenzierte Beispiele vorkommen. Hier soll es zunächst um eine erste Basiserfahrung mit der Temperatursteuerung gehen.

Tomaten-Thunfisch-Sandwich

Für 4 Personen,
zur näheren Erläuterung der Zutaten siehe Produktregister

Zutaten: 4 Scheiben Toastbrot, groß
Butter, ungesalzen
150 g Tomaten, geputzt
Fleur de Sel oder grobes Meersalz
Pfeffer aus der Mühle
1½ EL Olivenöl
Zitrone

Zubereitung: Das Toastbrot entrinden. In einer kleinen beschichteten Pfanne etwas Butter schmelzen und die Scheiben darin einseitig leicht bräunen. Im Ofen bei 90 Grad in ca. 10 Minuten auf einem Rost oder Backblech trocknen lassen. In der Zwischenzeit für das Tomatenconcassé die Tomaten vierteln, den Stielansatz und die Kerne entfernen, anschließend würfeln. Sorgfältig mit etwas Fleur de Sel und frisch gemahlenem Pfeffer würzen. Mit dem Olivenöl verrühren und einige Spritzer Zitrone dazugeben.

Zutaten Fertigstellung: Olivenöl
1 Dose Thunfisch (am besten weißer)
etwas Ziegenfrischkäse (z. B. junger Picodon)
etwas Parmesan, reif
2–3 Blätter Basilikum

Fertigstellung: Die Toastscheiben mit der gebräunten Seite nach oben auf je einen Teller legen und jeweils mit Olivenöl beträufeln. Mit einer Schicht Tomatenconcassé belegen, anschließend mit einer Schicht zerrupftem Thunfischfleisch versehen. Über alles einige kleine Würfel Ziegenkäse geben und den Parmesan darüber hobeln. Mit zwei bis drei Blättern Basilikum dekorieren und mit 1 EL Olivenöl beträufeln.

▶▶

Erläuterungen zum Tomaten-Thunfisch-Sandwich: *Das **Schmelzen von Butter** sollte nicht bei höchster Temperatur erfolgen, weil die Butter sonst zu schnell braun wird. Es geht hier nur darum, dass die Butter quasi zu einer Flüssigkeit aufgelöst wird. In dem Moment, wo das passiert ist, bilden sich normalerweise erste kleine Bläschen, die Butter „kocht" also. Würde die Butter weiter erhitzt, würden sich schnell braune Stellen bilden. Die Butter brennt sozusagen an und wird dabei bitter. Es gibt aber auch ein Zwischending, nämlich das absichtliche und sorgsam überwachte leichte Kolorieren der Butter zu einer Art nussbraunen Farbe mit leicht nussigem Aroma („Nussbutter" genannt). Diese Nussbutter (französisch „beurre noisette") ist ein wichtiges Element der Küche und wird zum Beispiel benutzt, um helles Fleisch anzubraten. Sobald die Butter unerwünscht Farbe annimmt, muss der Topf oder die Pfanne sofort vom Feuer genommen werden. Lediglich den Herd kleiner stellen, reicht normalerweise nicht aus. Notfalls ist es besser, wieder mit einem frischen Stück Butter und einer gesäuberten Pfanne zu beginnen, weil die aromatische Wirkung einer zu stark gebräunten Butter nicht gut ist.*

*Für die Toastscheiben ist der **Bräunungsgrad** ein eher helles bis mittleres Braun. Sie müssen auch nicht an allen Stellen koloriert sein, obwohl eine möglichst gleichmäßige Bräunung nicht nur eine optische, sondern auch eine aromatische Veränderung ist. Der **Trockenvorgang** im vorgeheizten Ofen muss kaum überwacht werden und dauert eine erstaunlich kurze Zeit. Nach der angegebenen Zeit sind die Toastscheiben noch nicht vollständig kross. Sie werden an der Luft aber in wenigen Sekunden sehr kross. Bei zu langer Trocknung im Ofen werden die Scheiben allerdings schnell etwas krumm, weil der Flüssigkeitsverlust zu hoch ist. Das wird – abgesehen von einer sorgfältigen Zeitkontrolle – auch dadurch vermieden, dass die Scheiben mit einem flachen Gegenstand, der für die Verwendung im Ofen geeignet ist, beschwert werden.*

*Bei der **Dosierung des Olivenöls** auf der Brotscheibe muss sorgfältig gearbeitet werden. Ein EL Öl aromatisiert das Brot etwas, zwei EL würden es bereits aufweichen und den Kross-Effekt einschränken. Am Schluss kommt deshalb noch etwas Olivenöl über alles, weil sich damit beim Essen sozusagen frische Aromenpunkte ergeben, an denen es deutlich nach Olivenöl schmeckt. Ein schon etwas subtiler Trick ist die Kühlung von Olivenöl für ähnliche Fälle. Der Grund ist recht einleuchtend: Wenn Olivenöl auf etwas Warmes geträufelt wird, wird es ebenfalls warm und verliert viel von seinem ursprünglichen Aroma (besser gesagt: Das ursprüngliche Aroma verändert sich und wirkt nicht mehr wie „normales" Olivenöl). Ein vorher gekühltes Olivenöl dagegen erwärmt sich beim Kontakt mit etwas Warmem deutlich langsamer und behält also seinen ursprünglichen Charakter etwas länger. Bei der Kühlung darf allerdings nicht zu extrem vorgegangen werden. Lässt man Olivenöl zu lange im Kühlschrank, verliert es seinen flüssigen Zustand und wird fest.*

Sensorische Erläuterungen zum Tomaten-Thunfisch-Sandwich: Die Sensorik dieses Gerichtes ist breit gefächert und reicht von dem krossen Toast bis zu den Flüssigkeiten. Eine besondere Verdichtung findet sich in einem mittleren Bereich, wo der Thunfisch, die Tomaten, die Parmesanspäne und der Ziegenfrischkäse nur einen leichten Widerstand bieten. Diese Tatsache führt dazu, dass sich ihre Aromen sehr schnell vermischen, zumal sie auch noch normalerweise alle mit Zimmertemperatur oder ganz leicht kühler serviert werden. Beim Essen gibt es also zu Beginn einen starken Kross-Effekt von dem Brot, aus dem heraus sich die anderen Aromen langsam entwickeln. Je nach der Zusammensetzung eines Bissens kommt es zu immer wieder neuen, leicht unterschiedlich schmeckenden Zusammenstellungen. Wollte man diesen Zusammenhang ändern, müssten die Elemente teils gekühlt, teils normal gelassen und teils erwärmt werden.

Gazpacho

Allgemeine Erläuterungen: Auch auf der ersten Stufe der Arbeit mit Tomaten ist bereits ein Rezept möglich, in dem eine ganze Reihe von Zutaten vorkommt. Der Grund liegt einfach darin, dass bei einem Gazpacho die Zutaten alle püriert, also gleich behandelt werden und keinerlei sorgfältiges Garen oder überhaupt spezielle Überwachung notwendig ist. Das Gazpacho ist im Prinzip eine kalte Gemüsesuppe aus rohen Zutaten, was gleichzeitig bedeutet, dass es eine ganze Reihe von Variationen dazu gibt. Das Prinzip des gemeinsamen Pürierens von Zutaten wird in der Küche viel zu selten genutzt. Gerade bei relativ schnell herzustellenden Zubereitungen ist es ideal. Eine Grundvoraussetzung für das Gelingen solcher Zusammenstellungen sind gute Proportionen der Zutaten. Im Falle des Gazpachos gibt es dabei ein spezielles Problem: die Verwendung von rohen Zwiebeln und rohem Knoblauch. Rohe Zwiebeln und Knoblauch werden durch das Pürieren sehr kräftig im Aroma, und diese Aromen entwickeln im Mund einen sehr langen Nachgeschmack. Auch bei unserem Beispielrezept ist damit zu rechnen, dass der Knoblauchgeschmack längere Zeit erhalten bleibt. Es gibt natürlich eine ganze Reihe von Möglichkeiten, den Knoblauch zu „entschärfen“. In diesem Falle ist aber das Aroma des rohen Knoblauchs einfach grundlegender Bestandteil des Rezeptes und sollte keinerlei Veränderungen erfahren. Die Dosierung in diesem Rezept ist eine mittlere.

Gazpacho

4 kleine Portionen

Zutaten: (alle Gemüse in geputztem Zustand gewogen)
500 g Tomaten
75 g Gurke
100 g Paprika, grün
10 g Knoblauch
100 ml Olivenöl
3 Zweige Thymian
1 EL Majoranblätter

Zubereitung: Die Tomaten vierteln, den Stielansatz und die Kerne entfernen, anschließend grob würfeln. Die Gurke schälen, mit einem kleinen Löffel die Kerne ausschaben und ebenfalls in grobe Würfel schneiden. Paprika vierteln, entkernen und alle hellen Stellen abschaben, dann ebenfalls würfeln. Den Knoblauch schälen, gegebenenfalls den grünen Keim entfernen, in feine Würfel schneiden. Alle Zutaten zusammen mit den Thymianblättern sorgfältig pürieren. Mindestens 2 Stunden im Kühlschrank kalt stellen. Die Majoranblätter fein zupfen und anschließend unterrühren.

Zutaten Fertigstellung: Toastbrotscheiben
Crème fraîche,
Olivenöl
Basilikumblätter und/oder -blüten (oder Majoranblüten)

▶▶

Zubereitung luftgetrocknete Croûtons: Toastbrot entrinden und in kleine Würfel schneiden. In ca. 20 Minuten bei 90 Grad im Ofen auf einem Blech lufttrocknen lassen.

Anrichten: Gazpacho auf einen Teller füllen und mit etwas Basilikumblättern und/oder -blüten dekorieren. Einen kleinen Klacks Crème fraîche in die Mitte sowie einige Fäden Olivenöl über alles geben. Mit den Croûtons bestreuen.

Erläuterungen Gazpacho-Rezept: *Die Zutatenliste sollte zunächst so bleiben, wie sie ist, damit ein klares geschmackliches Bild von einem Gazpacho-Rezept entstehen kann. Bei Variationen sollte das Rezept allerdings grundsätzlich Gurke, Tomaten, Paprika (auch rot oder gelb), Knoblauch und Olivenöl enthalten, um den Charakter eines Gazpachos nicht zu verlieren. Im Detail ließe sich der Knoblauchanteil eventuell etwas reduzieren und durch Schalottenwürfel ersetzen, dann aber in einer etwas anderen Proportion. Auf z. B. 5 g Knoblauch kämen dann 10 g Schalottenwürfel. Das Entfernen der grünen Kerne beim Knoblauch ist deshalb notwendig, weil diese Kerne sehr bitter sind. Dazu wird die geschälte Zehe bis zur Mitte angeschnitten und der Kern herausgeschält.*

Bei den Kräutern hat man eine größere Auswahl, die je nach Belieben ruhig einmal ausprobiert werden kann. Dabei sollte so vorgegangen werden, dass nie zu große Mengen eingesetzt werden (z. B. größere Mengen Petersilie), sondern vorsichtig an eine schöne Mischung herangetastet wird. Das kann beim Pürieren geschehen, indem einfach einige andere Kräuter Stückchen für Stückchen zugegeben werden. Es ist möglich, dass – je nach Wassergehalt der Gemüse – die Suppe zu dick wird. Je nach Geschmack wird dies durch eine höhere Gabe Olivenöl oder durch die Zugabe von etwas Wasser reguliert.

Das verwendete Olivenöl hat eine große Bedeutung. Es gibt Öle, die so neutral schmecken, dass die Gemüsearomen vollständig unangetastet bleiben. Es gibt andere (z. B. Sorten, die sehr deutlich nach reifen Oliven schmecken), die sofort eine prägende Wirkung haben. In der Regel sind die etwas neutraleren Öle die billigeren, während deutlicher Geschmack oder vor allem ein besonders feiner Geschmack mit sehr viel mehr Geld bezahlt werden müssen. Im Falle des Gazpachos empfiehlt sich für das Pürieren mit dem Gemüse ein gutes, aber nicht sehr auffälliges Öl, das sich beim Pürieren und beim Ziehenlassen im Kühlschrank harmonisch mit den Aromen vermischt. Für die Abrundung des Geschmacks auf dem angerichteten Teller sollte das beste Öl genommen werden, das vorrätig ist. Sein Aroma wird sich deutlich bemerkbar machen, zumindest solange es noch erkennbar auf der Suppe schwimmt.

Das ***Ziehenlassen im Kühlschrank*** *(immer abgedeckt mit einer Klarsichtfolie) führt zu einer innigeren Vermischung der Aromen. Die Zeit von 2 Stunden ist eine Mindestzeit. Ein Gazpacho kann wesentlich länger im Kühlschrank stehen, also auch deutlich vor dem Essen zubereitet werden. Es ist allerdings nicht zu empfehlen, ein Gazpacho über Nacht stehen zu lassen, weil sich dann bereits erste Oxydationsfolgen beim Aroma zeigen können.*

Sensorische Erläuterungen zum Gazpacho:
Kalte Flüssigkeiten mit einem dichten Aroma machen im Mund einen ganz klaren Effekt, der im Grunde etwas an die Wahrnehmung von Wein erinnert. Wenn wir zum Beispiel einen etwas kühleren Weißwein trinken (was für viele Weißweine ja empfohlen wird), schmecken wir im Grunde im ersten Moment eigentlich gar nichts, sondern erst dann, wenn der Wein im Mund etwas wärmer wird. Die Kältewahrnehmung blockiert die Wahrnehmung von Aromastoffen, was übrigens auch für größere Hitze gilt. Der Effekt beim Gazpacho ist also so, dass wir am Anfang die Kälte wahrnehmen und sich dann erst die Aromen aufschließen.

Die Frage ist natürlich, ob das denn nun unbedingt sinnvoll ist. Auch das ist wie beim Wein: Dem erfrischenden Eindruck von der Kälte schließt sich die Entwicklung der Aromen an.

Bei unserem Gazpacho sorgen verschiedene Elemente für eine zeitliche Verlängerung der Wahrnehmung, also für einen zeitlichen Ablauf. Wenn wir einen Croûton, etwas Crème fraîche, etwas Basilikum und auch etwas von dem puren Olivenöl zusammen mit der Suppe auf dem Löffel haben, ergibt sich ein sehr nachhaltiges Geschmacksbild. Am Anfang stehen Kälte und der Kross-Effekt vom Croûton, dann entwickelt sich das Olivenöl-Aroma. Es folgt die Suppe und deutlich verzögert das Basilikum, das wir durch Kauen erst aromatisch aufschließen müssen.

Ofentomate

Allgemeine Erläuterungen: Ofentomate nennt man Tomatenstücke (meist Viertel), die zusammen mit einigen Zutaten langsam im Ofen garen und dabei durch Flüssigkeitsverlust ihr Aroma konzentrieren. Bei den Zutaten gibt es im Prinzip eine große Auswahl, die allerdings immer nur in kleinen Dosen auf dem jeweiligen Tomatenstückchen liegen sollten. Die Temperatur für diesen Vorgang wird so eingestellt, dass die Tomatenstücke nicht verbrennen können (also unter 100 Grad). Bei der meist etwas längeren Verweilzeit im Ofen verdampft dann die Flüssigkeit in der Tomate und die Aromenstoffe konzentrieren sich bzw. vermischen sich mit dem Aroma der Tomaten. In einer extremen Form wird die Tomate so weit getrocknet, dass sie quasi keine Flüssigkeit mehr hat. Dabei entwickelt sich ein ganz spezielles Aroma, das Aroma der getrockneten Tomate, das in Italien auch in Form einer sehr charakteristisch schmeckenden „Creme von getrockneten Tomaten" verkauft wird. Diese Creme zählt zu den interessantesten und am vielseitigsten verwendbaren italienischen Spezialitäten.

Für die Ofentomate werden oft enthäutete Tomaten verwendet, unter anderem deshalb, weil die enthäuteten Viertel schneller flach werden und dann besser aussehen. Kulinarisch ist das nicht besonders sinnvoll, weil die Tomate ohne Haut an Aroma verliert. Bei dem folgenden Beispielrezept ist deshalb eine andere Technik verwendet worden (Erläuterungen dazu: siehe unten).

Die Variationsmöglichkeiten bei den Zutaten sind im Prinzip fast unbegrenzt und reichen von sehr einfachen Rezepten bis zu komplexen Versionen mit mehreren Arbeitsgängen. Für ein extrem einfaches Rezept reicht es schon aus, die entkernten Tomatenviertel mit etwas Olivenöl zu beträufeln und vielleicht noch etwas Salz zuzugeben und sie dann in einer Schale oder auf einem Backblech in den Ofen zu geben. Bei einer Temperatur von unter 100 Grad gibt es mit der Dauer kaum Probleme, die Zubereitung läuft irgendwie mit, nur ab und zu sollte einmal nach dem Rechten gesehen werden.

Geröstete Ofentomate mit Honig und Kräutern

Komplexe Version

ZUTATEN:
Anmerkung: siehe Marmelade
2 Tomaten, groß
2 ½ EL Olivenöl
Zitrone
Honig (Akazienhonig oder Lindenhonig)
Fleur de Sel oder grobes Meersalz
Thymian, frisch
provenzalische Kräuter, getrocknet

ZUBEREITUNG: Den Ofen auf 130 Grad vorheizen. Tomaten vierteln, Stielansatz und Kerne entfernen. In einer beschichteten Pfanne 2 EL Olivenöl erhitzen. Die Viertel mit der Hautseite in die Pfanne legen und leicht anbraten, bis sie beginnen, flach zu werden. Die Tomate darf leichte Anbratspuren bekommen. Anschließend möglichst dicht in eine feuerfeste Form legen. Auf jedes dieser Viertel etwa ½ TL Olivenöl, einige Spritzer Zitrone, ½ TL Honig, etwas Fleur de Sel oder grobes Meersalz, einige Blättchen Thymian und eine minimale Prise provenzalische Kräuter geben. Die Ofentomaten sind fertig, wenn sie ganz leicht schrumpfen, aber noch nicht zu trocknen beginnen.

Erläuterungen Beispielrezept: *Die Technik in diesem Beispiel weicht etwas von den „normalen" Ofentomaten ab. Weil in der Haut der Tomate viel Aroma steckt, wird sie hier nicht entfernt. Die bleibt dann natürlich gebogen (sie wird sich erst im Verlauf der Garung aufweichen und flach werden). Ein gebogenes Tomatenviertel ist aber nicht so ohne weiteres gleichmäßig mit den Aromen zu bestreuen. Der erste Effekt durch das Anbraten der Viertel ist, dass die Viertel weicher und flacher werden und sie auf diese Weise gut und gleichmäßig parfümiert werden können. Der zweite Effekt ist der, dass die Haut der Tomate regelrecht etwas angebraten werden kann, und zwar so, dass leichte Bräunungsspuren zu sehen sind. Dabei entstehen zusätzliche Aromen, die die Ofentomaten noch weiter verbessern. Diese Reaktion, die man vor allem beim Anbraten von Fleisch beobachten kann, heißt* ***„Maillard"-Reaktion****. Bisweilen wird der Effekt auch als „Karamellisieren" bezeichnet, weil sich durch das Anbraten leichte Karamellnoten ergeben.*

Die Aromatisierung der Ofentomaten *kann mit sehr vielen verschiedenen Elementen erfolgen, weil die Tomate einfach verschiedene Aromen sehr gut verträgt. Dafür gibt es Gründe, die allerdings selten bedacht werden. Das Aroma der Tomate ist extrem komplex und reicht von kräftigen, fast säuerlichen Teilaromen bis zu süßlichen und „reifen" Aromen, die bei der Tomate sehr charakteristisch ausfallen. Dieses weit gespannte Aromenspektrum reagiert entsprechend mit vielen verschiedenen anderen Aromen. Wie immer bei weit gespannten Aromen ist es sinnvoll, eine ausgeglichene Aromatisierung vorzunehmen, also z.B. süße und saure Elemente gleichzeitig einzusetzen. Wenn sich diese dann mit dem Tomatenaroma bei richtiger – also zurückhaltender – Dosierung fein verbinden, entsteht ein sehr schönes, tiefes Aroma, das wir als komplex und intensiv empfinden. Geben wir von einem dieser Aromen (zum Beispiel der Zitrone) zu viel auf die Tomatenviertel, unterstützen wir nicht das Tomatenaroma, sondern erzeugen Einseitigkeiten, bei denen außerdem noch andere Aromen unterdrückt bzw. übertüncht werden. Insofern ist die Herstellung von Ofentomaten wie eine kleine Einführung in das Aromatisieren von Produkten überhaupt.*

Wenn auf die zusätzliche Aromatisierung der Tomate verzichtet wird, sollte als Grundlage eine sehr gute, reife Tomate dienen, bei der es sich lohnt, ausschließlich durch die Intensivierung des Eigengeschmacks per Flüssigkeitsentzug das Aroma zu verstärken. Alle anderen Qualitätsstufen von Tomaten (also fast alle, die normalerweise angeboten werden) profitieren von einer Aromatisierung nach dem beschriebenen Ausgewogenheitsprinzip.

Bei den **Honigsorten** *wird ebenfalls differenziert gearbeitet. Es gibt sehr unterschiedlich schmeckende Honigsorten, die teilweise ein so starkes Aroma haben, dass sie ziemlich dominant wirken. Der hier empfohlene Akazienhonig zeichnet sich durch eine unaufdringliche, milde Blütennote aus, die sich besonders gut mit der Zitrone verbindet und so eine geradezu elegante Süße entwickelt. Die ansonsten am besten zur Tomate passenden Honige sind der sehr charakteristisch schmeckende Kastanienhonig und der Buchweizenhonig. Am fremdartigsten wirkt in diesem Zusammenhang der Kastanienhonig, während der Buchweizenhonig speziell mit dem Aroma der leicht angetrockneten Tomate harmoniert.*

Die Wirkung des Olivenöls ist bei den Ofentomaten ziemlich differenziert zu betrachten. Man könnte zu dem Schluss kommen, dass die Art des Olivenöls relativ wenig ausmacht, und das aus zwei Gründen. Einmal vermischen sich die diversen Aromen unter Umständen so stark, dass der spezielle Charakter eines speziellen Olivenöls nicht mehr durchkommt, zum anderen geht beim Erhitzen viel Olivenaroma verloren, und es besteht am Ende vielleicht sogar der Eindruck, von dem Olivenöl würde überhaupt nichts mehr direkt wahrgenommen werden. Das alles ist zum Teil richtig, zumindest wenn mit einfacheren Ölen von sehr wenig speziellem Charakter gearbeitet wird. Wenn allerdings Öle verwendet werden, die zum Beispiel sehr intensiv nach reifen Oliven schmecken (Beispiel: ein – eher teures – Olivenöl aus Maussane in der Provence von der Ölmühle Cornille), bleibt dieses Aroma sehr deutlich erhalten und bestimmt den Geschmack der Ofentomate nachhaltig. Für die Öle und die Präsenz ihres Aromas gibt es aber noch einen speziellen Trick, der im Folgenden kurz erläutert wird. Vorher aber noch eine Bemerkung zu einem der aromatisierten Öle wie dem Limettenöl. Dieses in Italien sehr häufig vorkommende, mit Limetten aromatisierte Öl hat ein Aroma, das sich zur Verwendung mit den Ofentomaten hervorragend eignet – allerdings nur in einer recht guten Qualität und nicht in den vielen, billigen Nachahmungen. Wenn das Limettenöl das Olivenöl ersetzt, sollten die Spritzer Zitrone nicht unbedingt weggelassen, aber vielleicht etwas reduziert werden. Die Zitrone ist eher für etwas Säure zuständig, während das Limettenöl quasi das pure Limettenaroma transportiert.

Es gibt auch bei diesem scheinbar so simplen Rezept noch weitere Möglichkeiten, wirklich subtil zu arbeiten – und auch die Realisierung dieser Möglichkeiten ist nicht schwierig, sondern braucht lediglich ein entwickelteres, kulinarisches Verständnis. Es geht um eine **zeitversetzte Aromatisierung**. *Wenn sich wie bei der Ofentomate die Aromen vermischen, verlieren sie wesentliche Teile ihres Eigengeschmacks und werden alle zusammen sozusagen zu etwas Neuem. Soll bei der Ofentomate ein bestimmtes Aroma deutlicher hervorgehoben werden (zum Beispiel das Aroma eines besonders guten Olivenöls), so muss es am Schluss in sehr geringer Dosierung noch einmal dazugegeben werden. In unserem Falle heißt das: kurz vor dem Servieren die fertigen Ofentomaten mit ein paar Tropfen des Olivenöls beträufeln. Dieses Aroma wird dann deutlich erscheinen. Wenn der Vorgang noch subtiler gestaltet werden soll, wird auch noch die Temperatur berücksichtigt: Das im Kühlschrank etwas vorgekühlte Olivenöl wird auf die warmen Ofentomaten geträufelt. In diesem Falle bleibt das Aroma des Öls noch besser erhalten. Die Kühlung des Olivenöls darf allerdings nicht zu lange anhalten, weil es sonst beginnt, fest zu werden. – In ganz ähnlicher Weise kann man natürlich auch mit anderen Bestandteilen arbeiten. Die Kräuter schmecken um Klassen deutlicher, wenn sie zum Schluss frisch über die Ofentomaten gegeben werden. Es sollte allerdings nie vergessen werden, dass die subtile Vermischung von Aromen durch am Ende unvorsichtig plakativ aufgesetzte Aromen empfindlich gestört werden kann.*

Sensorische Erläuterungen: Bei der Ofentomate selbst ist zur Sensorik nicht sehr viel zu sagen, weil sich im Verlauf der Herstellung alle Aromen stark vermischen und die Tomate selber ziemlich weich wird. Die Kombination warm und weich führt dazu, dass wir ein Aroma sofort wahrnehmen. Wir brauchen weder ein Aroma durch Kauen aufzuschließen noch es auf Körpertemperatur zu bringen. Dennoch bieten sich bei der Ofentomate einige Kleinigkeiten an. Das gekühlte Olivenöl ist oben schon erwähnt. Darüber hinaus am effektivsten wäre das Bestreuen mit einigen Körnern Fleur de Sel, und zwar unmittelbar vor dem Essen, am besten erst auf dem Teller. In der kurzen Zeit bis zum Essen lösen sich die Körner nicht auf und liefern so einerseits ihre Würze sehr klar und direkt und ergeben andererseits ein schönes krosses Texturelement. Soll die Ofentomate so verfeinert werden, ist vor dem Garen nur minimal Salz einzusetzen.

Coulis Tomate-Olive

Allgemeine Erläuterungen: Das Wort „Coulis" kommt aus dem Französischen und meint einen etwas dickflüssigeren Gemüse- oder Fruchtsaft oder auch ein Püree, das verhältnismäßig flüssig ist. Der Begriff „Coulis" wird hier unter anderem auch deshalb benutzt, weil diese Art der Sauce eine andere kulinarische Funktion haben kann als eine sehr flüssige Sauce. Anders als die sehr flüssigen Saucen, von denen zum Beispiel an einem Stück Fleisch kaum etwas hängen bleiben würde, kann ein Coulis wesentlich leichter höher „dosiert" werden. Wer die Komposition eines Gerichtes ganz präzise überlegt, für den spielen auch solche Dinge eine Rolle.

Das „Coulis Tomate-Olive" ist eine der einfachsten und effektivsten Saucen überhaupt. Es braucht kaum Zutaten, und dennoch ist der Effekt der Sauce hervorragend. Die enge Verbindung von Tomate und Olive in einer Sauce ergibt ein ganz erstaunlich intensives und herzhaftes Aroma, das die Vorteile beider Teile hat. Vor allem Leute, die traditionell einen intensiven Olivengeschmack nicht besonders mögen, werden von der Eleganz dieser Verbindung überrascht sein.

Coulis Tomate-Olive

Zutaten: 200 g Tomaten
30 g schwarze Oliven, entsteint
1 EL Olivenöl
50 ml Geflügelfond (s. Seite 101)

Zubereitung: Die Tomaten vierteln, den Stielansatz entfernen und in Würfel schneiden. In einem kleinen Topf bei mittlerer Hitze das Olivenöl erwärmen. Tomatenwürfel dazugeben und unter leichtem Rühren warten, bis sie beginnen zu schmelzen und ihr Wasser abgeben. Die Oliven grob zerdrücken und anschließend zusammen mit dem Fond dazugeben, kurz durchrühren. Den Deckel aufsetzen und bei geringer Hitze in etwa 15 Minuten garen. Durch ein normales Sieb passieren. Die Sauce hat eine leicht braunrote Farbe.

Anrichten: Dieses Coulis schmeckt ausgezeichnet zu Wolfsbarsch mit Artischocken. Um dieses Rezept nochmals abzuwandeln, können auch in Scheiben geschnittene Kapernbeeren oder Kirschtomaten hinzugefügt werden.

Erläuterungen Coulis Tomate-Olive: *Bei diesem Rezept ist das Entkernen der Tomaten schon deshalb nicht nötig, weil die fertige Sauce durch ein Sieb passiert wird und damit die Kerne entfernt werden. Weil aber zunächst Haut und Kerngehäuse mit verwendet werden, ergibt sich ein Maximum an Tomatenaroma. Bei den Oliven ist es hier notwendig, echte schwarze Oliven zu verwenden. Die echten schwarzen Oliven sind dunkel, weil sie reif sind, während vielfach Oliven aus optischen Gründen schwarz gefärbt sind. Die echten schwarzen Oliven haben das typische Aroma der reifen Olive, das den einen oder anderen vielleicht ein wenig an den Geruch von Tinte erinnert. Oliven mit Stein (im Handel wird beides angeboten) werden für diese Zubereitung entkernt, indem sie einfach zwischen Daumen und Zeigefinger zerdrückt werden. Da es sich ja hier um reife Oliven handelt, sind sie so weich, dass dieses Verfahren ohne weiteres funktioniert.*

Das Olivenöl zum Anbraten muss lediglich eine ordentliche Durchschnittsqualität haben, weil die Subtilität eines besonders guten Öls in diesem Rezept nicht zum Tragen kommt. Ein Sonderfall sind die Öle, die intensiv nach reifer Olive schmecken. Sie können ohne weiteres hier zur Verwendung kommen, wobei in diesem Fall ein paar Oliven (ca. 5–10 g) weggelassen werden sollten. Der Geflügelfond ist im Prinzip auch durch Gemüsefond oder einen Kalbsfond zu ersetzen. Er ist in diesem Rezept für einen leicht komplexeren Hintergrund zuständig und schmeckt nicht deutlich durch.

Der ***Vorgang des Schmelzens von Tomaten*** *ist für den Anfänger immer etwas schwierig. Das Schmelzen sollte einmal sorgfältig beobachtet werden, weil es im Verlauf der Arbeit mit der Tomate immer wieder vorkommt. Man kann zu Beginn der Zubereitung das Gefühl bekommen, die Tomaten würden demnächst anbrennen. Die geringe Menge Olivenöl reicht tatsächlich auch nicht aus, um das zu verhindern. Man muss also am Anfang am Topf bleiben und immer wieder einmal umrühren, damit die Tomaten nicht ansetzen. Im weiteren Verlauf werden die Tomatenstückchen durch das Erhitzen weich. Ihre Struktur wird aufgelöst, und sie beginnen, Saft abzugeben. Damit dieser Vorgang in Ruhe stattfinden und nichts anbrennen kann, muss er eben auch – wie im Rezept genannt – bei eher mittlerer Hitze stattfinden. Relativ kurze Zeit nachdem sie beginnen, ihr Wasser abzugeben, lösen die Tomatenwürfel ihre Form weitgehend auf, und es bildet sich eine Art Kompott. Nun werden die Olivenstückchen und der Fond dazugegeben. Es wird nichts mehr anbrennen – immer vorausgesetzt, die Temperatur ist nicht zu hoch.*

Was nun folgt, ist etwas, das die Franzosen in ihrer Küchensprache ***„Mijotage“*** *(also „Vermengung“ bzw. „Vermischung“) nennen. Dieser Prozess ist ganz wesentlich beim Kochen, da er in allen möglichen Zubereitungen, von Saucen bis zu Schmorgerichten, vorkommt. Noch liegen im Topf die Kompott-ähnlichen Tomaten, die Olivenstückchen obenauf, und alles schwimmt im Hühnerfond. Wenn die Zutaten nun bei geschlossenem Deckel und auf kleiner Flamme weiter ganz leicht vor sich hin kochen (sie sollten leise, aber nicht sprudelnd kochen), vermischen sie sich einmal mechanisch dadurch, dass sich die Bestandteile immer weiter auflösen. Zum anderen kommt es durch den geschlossenen Deckel zu einer Art Dampf-Kondensations-Kreislauf, in dem sich ebenfalls die Aromen immer weiter vermischen. Bei alledem geht wegen des geschlossenen Deckels nichts verloren. Wäre der Topf nicht abgedeckt, würde die Flüssigkeit immer weiter verdampfen, der Rest im Topf würde sein Aroma verstärken, und es bestünde sehr schnell die Gefahr, dass der immer trockener werdende Rest anbrennt.*

Nach vielleicht 5 Minuten dieser Aromenvermengung sollte unter Umständen dem Prozess noch etwas auf die Sprünge geholfen werden, indem der Ansatz und die Olivenstücke (die sich nicht so schnell auflösen wie die Tomatenstücke) mit einem Kartoffelstampfer noch etwas zerdrückt werden.

Nach den etwa 15 Minuten (es kann auch ruhig länger dauern: Wenn der Deckel dicht ist, kann nichts passieren) hat sich eine Mischung gebildet, die schon einen deutlich anderen Farbton hat. Diese Mischung wird nun durch ein normales Sieb passiert. Ein ***„normales“ Sieb*** *ist das „klassische“, etwas größere Küchensieb und nicht eines der feinen Passiersiebe. Auch beim* ***Passieren*** *gibt es einige Dinge zu beachten. Das Passieren dient allgemein dem Trennen von festen und weniger festen Teilen. Wenn man eine klare Suppe mit diversen Einlagen in Arbeit hat, die in der Suppe ausgekocht wurden und nun nicht mehr nötig sind, wird man ein feines Sieb benutzen, um eine möglichst klare Suppe zu bekommen und neben den großen Stücken auch die diversen Schwebstoffe aufzufangen. Man wird auch darauf verzichten, zum Beispiel die Gemüse auszudrücken, damit in die klare Flüssigkeit nicht auf diese Weise dann doch noch „unklare“ Elemente kommen.*

▶▶

Im Falle des „Coulis Tomate-Olive" liegt der Fall anders. Hier ist es notwendig, möglichst viele Bestandteile durch das Sieb zu passieren, damit etwa das Olivenaroma optimal genutzt wird. Aus diesem Grunde wird ein normales Sieb benutzt und die Tomaten- und Olivenstückchen werden auch noch ausgedrückt.

Die Verwendung des Coulis Tomate-Olive: Unter Ziffer 6 findet sich ein Beispiel, das die drei Hauptrezepte des Levels II in einem kleinen Gericht zusammenführt. In diesem Gericht wird das spezielle Aroma vor allem auch im Vergleich zu anderen Elementen deutlich. Darüber hinaus eignet sich das Coulis Tomate-Olive grundsätzlich für alle herzhafteren Pasta-Gerichte, am besten solche, die nicht mit Sahne bzw. einer Cremesauce verbunden werden. Immer dann, wenn es recht pur und mediterran zugeht, kann als Sauce das Coulis eingesetzt werden. Es begleitet aber auch Huhn, fast jeden Fisch und auch Fleisch wie zum Beispiel Lammkoteletts.

Beispiel für eine mögliche Verwendung des Coulis Tomate-Olive: Wolfsbarsch mit Artischocken, Scheiben von Kapernbeeren, warmen Kirschtomaten und Coulis Tomate-Olive

Dieses Beispiel greift schon ein wenig voraus und ist schwieriger, als es auf diesem Level eigentlich machbar ist. Es dient hier in erster Linie der Demonstration eines Geschmacksbildes, in dem das Coulis Tomate-Olive eine besonders gute Funktion hat, weil es allen beteiligten Elementen ein sehr schön herzhaft-abgerundetes Aroma hinzufügt.
Trotzdem sollte man sich ruhig einmal in einem kleinen Exkurs einen Moment mit diesem Gericht beschäftigen, weil unter anderem klar wird, dass hier im Grunde nicht besonders viel Arbeit nötig ist, aber wieder eine gute Portion Know-how. Gleichzeitig soll dieses Beispiel hier als erster Ausblick auf professionellere Analyse- und Darstellungsformen Verwendung finden.
Die folgende, eher **professionelle Kurzbeschreibung** eines solchen Gerichts hat hier den Vorteil der zusätzlichen Abbildung, auf der sofort zu erkennen ist (alles unter professionelleren Gesichtspunkten gesehen), wie manche Elemente hergestellt werden müssen. Sie liest sich etwa so:
Den Wolfsbarsch auf der Haut garen. Dabei die Haut leicht kross werden lassen und nicht zu stark bräunen. Für die Artischocken sehr kleine „Poivrade" verwenden, etwas Stiel belassen, die Blätter nur etwas kürzen und das Stroh nicht entfernen. Große Kapernbeeren in Scheiben schneiden. Die Kirschtomaten auf 60 Grad erwärmen, das Coulis Tomate-Olive wie angegeben vorbereiten.
Nach einer solchen Kurzbeschreibung kann ein etwas routinierter Koch ein solches Gericht ohne Schwierigkeiten herstellen, weil er bis auf einige Details weiß, wie zum Beispiel der Fisch oder die Artischocken gegart werden. Für unsere Zwecke ist es an dieser frühen Stelle einfach einmal interessant zu sehen, mit welchen Schwierigkeiten bei diesem Gericht zu rechnen wäre. Es sind nicht so viele, wie man vielleicht meint. Die erste Frage lautet, wie die Fischhaut schön knusprig kross wird und dabei nicht angebrannt wirkt, also etwa schwärzlich-dunkle Bratspuren hätte. (Die Haut beim Wolfsbarsch wird kross, wenn er auf der Haut in einer beschichteten Pfanne mit sehr wenig Fett gegart wird, die Pfanne also zum Beispiel mit Olivenöl nur etwas eingerieben und nicht zu stark erhitzt wird. Der Fisch kommt hinein und wird ganz leicht nach unten gedrückt. Dadurch hat er auf der ganzen Fläche Kontakt mit der Hitze und kann gleichmäßig bräunen.)
Eine zweite Schwierigkeit sind die Artischocken, die in einer bestimmten Art vorbereitet werden müssen, ansonsten aber einfach in etwas mit Zitrone angereichertem Salzwasser garen. Die Zitrone verhindert dabei, dass die Artischocken an den Schnittstellen braun anlaufen. Das ist dann aber auch schon alles an Schwierigkeiten. Ein solches Gericht, präzise und mit guten Produkten herstellt, kann ein sehr gutes Essen werden.

(Das vollständige Rezept findet sich im Anhang, Seite 100.)

Coulis Fraîcheur

Allgemeine Erläuterungen: Der Name dieser speziellen Sauce steht für einen ganz speziellen Effekt. „Fraîcheur", also „Frische" deutet darauf hin, dass in dieser Sauce der Geschmack der rohen, frischen Tomate erhalten bleibt. Das ist auf den ersten Blick nichts wirklich Ungewöhnliches, bei genauerer Betrachtung aber sehr speziell. Wenn wir Tomatenwürfel auf dem Weg zu einer warmen Zubereitung erhitzen (so zum Beispiel unter Nummer 5 beim „Coulis Tomate-Olive"), verändert sich das Aroma der Tomate ganz erheblich. Es gibt also einen Unterschied zwischen dem Aroma einer rohen Tomate und dem einer gegarten. Diese Veränderung ist ebenfalls „normal" und schließlich der Grund, warum wir viele Produkte nur in gegartem Zustand essen. Bei der Tomate ist aber durchaus vorstellbar, den frischen Geschmack der rohen Tomate zu erhalten, und das bei einer warmen Zubereitung.

Beim Coulis Fraîcheur ist dies durch einen speziellen Trick möglich. Dieser Trick ist relativ einfach. Er basiert auf der Kontrolle der Gartemperatur. Wenn die pürierte Tomate beim Coulis Fraîcheur nicht kocht, verliert sie ihren rohen Geschmack nicht. Die Sauce wird warm und sogar heiß, schmeckt aber nach wie vor roh. Wegen ihres überraschenden Aromas eignet sich die Sauce ganz hervorragend zu Pasta aller Art, aber auch zu allen möglichen anderen Verwendungen, in denen die Tomate vorkommen kann. Ein besonders schöner Kontrast ergibt sich bei der Kombination mit anderen Tomatenelementen, die den „normalen" Geschmack der gegarten Tomate haben. Eine Beispielkombination findet sich auf Seite 29.

Coulis Fraîcheur

Zutaten: 300 g Tomaten
100 ml Gemüsefond
Salz
Pfeffer aus der Mühle
Zitrone

Zubereitung: Die Tomaten vierteln, den Stielansatz entfernen und in Würfel schneiden. Anschließend mit einem Mixstab pürieren. Mit den anderen Zutaten in einen kleinen Topf geben und langsam erhitzen. Ab und zu umrühren. Die Sauce darf nie kochen, sondern nur dampfen! Dabei sollte sie sich in etwa 60 Minuten um gut die Hälfte reduzieren.

Erläuterungen: *Wieder wird die Tomate bis auf den Stielansatz komplett verwendet, um das Aroma vollständig zu erhalten. In diesem Falle sollte die Tomate – was bei uns ohnehin selten der Fall ist – nicht unbedingt vollreif sein, sondern noch durch und durch fest. Das Aroma ist in diesem Falle für dieses Rezept günstiger. Der Gemüsefond liefert bei der Zubereitung einen aromatischen Hintergrund, der nicht besonders deutlich ist. Er kann also auch durch einen Geflügelfond oder durch einen Kalbsfond ersetzt werden. Die Zitrone ist nicht nur für etwas mehr Säure im Aromenspektrum zuständig, sondern dient auch der besseren Konservierung der Farbe. Eine Prise Zitronensäure (also z. B. Vitamin-C-Pulver) tut denselben Dienst.*

Beim Pürieren der Tomate ergibt sich eine etwas blassere rote Farbe. Dieser Eindruck entsteht unter anderem durch die kleinen Mengen Schaum, die sich beim Pürieren bilden. Im weiteren Verlauf der Zubereitung wird die Farbe dann wieder etwas dunkler.

Zusammen mit dem Fond ist nun ziemlich viel Flüssigkeit im Topf. Geschmacklich dürfte das Ergebnis nicht besonders zufrieden stellen. Es schmeckt nach Tomate, aber etwas dünn und wässrig. Die folgende Reduktion der Flüssigkeit auf etwa die Hälfte wird nun den Wassergehalt reduzieren und damit gleichzeitig die verbleibenden Aromen verstärken. Einen wesentlichen Beitrag leistet dabei der Fond, dessen breites Aromenspektrum sich nicht nur zu einem kräftigeren Geschmack verdichtet, sondern sich auch mit der Tomate so intensiv vermischt, dass am Ende alles nur noch nach Tomate schmeckt, allerdings in einer intensiveren Form.

Die Aromenverstärkung durch Reduktion *gehört zu den wichtigsten Kochtechniken und findet in der guten Küche quasi ununterbrochen Anwendung. Sie ist auch für den Anfänger eine durchaus geeignete Technik, weil die Reduktion ständig durch Probieren überwacht und so jederzeit unterbrochen werden kann. Im Falle des Coulis Fraîcheur kommt bei der Reduktion noch ein anderer Effekt zum Tragen, die Eindickung der Flüssigkeit. Am Ende der Reduktion sollte nur noch sehr wenig Flüssigkeit zu sehen sein und das Ganze eher einem dünnen Püree ähneln.*

Variationsmöglichkeiten des Coulis Fraîcheur: Das Coulis Fraîcheur ist eher eine bestimmte Zubereitungstechnik als eine Zusammenstellung bestimmter Aromen. Insofern kann mit der gleichen Technik sehr viel experimentiert werden. Es können zum Beispiel andere Gemüse oder Früchte zusammen mit der Tomate püriert werden (siehe dazu auch unter Nummer 3, Gazpacho, im Prinzip ist also ohne weiteres auch ein warmes Gazpacho machbar). Der Fond kann durch jede Art von Flüssigkeit ersetzt oder erweitert werden, solange man die Gesamtmenge an Flüssigkeit im Griff behält. In dem Moment, wo man zum Beispiel zu der Tomate insgesamt 250 ml Flüssigkeit gibt (also etwa zwei verschiedene Fonds und etwas Gemüse- oder Fruchtsaft), muss überlegt werden, wie es weitergeht. Wenn am Ende das dickflüssige Coulis stehen soll, muss also sehr viel mehr Flüssigkeit sehr viel länger reduzieren (sie soll ja nicht kochen, sondern nur verdampfen). Dabei werden sich natürlich mehr Aromen konzentrieren als bei der ursprünglichen Fassung und damit auch ein kräftigerer Geschmack zustande kommen. Es lässt sich hier also allerlei probieren und viel über die Zusammenhänge von Aromenverstärkung durch Reduktion lernen.

Beispiel für die Zusammenstellung der Elemente von Level II: Die Beispielrezepte der Nummern 4, 5 und 6 lassen sich in einem kleinen Gericht zusammenfassen, das mit wenigen Ergänzungen ein sehr interessantes und vielfältiges aromatisches Bild ergibt.

ZUTATEN: Ofentomaten (Nummer 4)
Coulis Fraîcheur (Nummer 6)
Coulis Tomate-Olive (Nummer 5)
½–1 möglichst frischer Picodon pro Teller
handelsübliche Penne
Basilikum
leicht geröstete Pinienkerne

ZUBEREITUNG: Die Penne in Salzwasser (16 g Salz pro Liter) al dente garen. Die Pinienkerne in einer beschichteten Pfanne ohne Fett erhitzen und rösten, bis sie eine leichte Bräune haben.

ANRICHTEN: Siehe Abbildung oben.

Erläuterungen zur Zusammenstellung der Elemente: *Die Garung von Nudeln „al dente" ist immer wieder Anlass zu Unklarheiten oder auch zu ironischen Kommentaren. Dabei wird bisweilen der Eindruck erweckt, es handele sich bei der* ***„al dente"-Garung*** *um eine Marotte, die zudem sinnlos sei. Tatsächlich steckt dahinter eine ganz simple und vernünftige Überlegung. Bei der Garung von Nudeln in Wasser werden die Nudeln nicht nur weicher, sondern es kommt auch zu einem Austausch zwischen Nudel und Wasser. Je länger dieser Prozess dauert, desto mehr Aroma geben die Nudeln an das Wasser ab, und desto mehr Wasser kommt in die Nudeln. Für diese Feststellung gibt es einen einfachen Beweis: Ein Wasser, in dem Nudeln lange gekocht haben, schmeckt nach Nudeln. Es ist also notwendig, einen guten Kompromiss zu finden, also den Garpunkt, an dem die Nudeln ausreichend weich sind, um gegessen zu werden, und noch nicht so weich, dass sie schon zu viel Wasser aufgenommen haben (und damit fade werden). Die „al dente"-Garung meint diesen Punkt. Ganz präzise bezeichnet er den Kaueindruck, der entsteht, wenn beim Beißen auf die Nudel noch ein leichter Widerstand zu verspüren ist.*

▶▶

In der Realität selbst hervorragender Restaurants wird diese Garung ab und zu übertrieben und die Nudeln sind so gerade eben zu zerbeißen. Das wiederum ist weder notwendig noch in irgendeiner Weise sinnvoll. Bei frischen Nudeln aus einem selbst gemachten Nudelteig ist der Prozess übrigens eher umgekehrt: Der weiche Pastateig wird dadurch fester, dass er länger gegart wird. Allerdings wird er nie hart, und wenn er nach der Garung lange im Garwasser schwimmt, wird er wieder weicher.

Die ***Auswahl der Nudelsorte*** *ist durchaus ein Punkt, der zu bedenken ist. In erster Linie hat diese Auswahl etwas mit dem Verhältnis von Sauce zu Nudel, also damit zu tun, wie viel Nudel im Vergleich zur Sauce (oder anderen Zutaten) zu schmecken sein soll. Eine normale Pastasauce, die in der Regel nicht dünn, sondern entweder cremig oder mit diversen Einlagen ausgestattet ist (zum Beispiel eine Sauce Bolognese, siehe unter Nummer 11), bleibt an normalen Spaghetti nur ein wenig „kleben". Die gedrehten „Fusili" andererseits nehmen in ihren Windungen sehr viel Sauce auf. Je nach Lage der Dinge beeinflusst also die Wahl der Pasta-Sorte den Gesamtgeschmack. Absolute Luxus-Pasta bester italienischer Hersteller, deren Aroma ganz eindeutig nach exquisiten Mehl- und Hartweizengrieß-Sorten schmeckt, soll ja möglicherweise nicht mit einer dicken Sauce übertüncht werden. Also sollte für eine gute Proportion zwischen Pasta zu Sauce (also eine Proportion, bei der man die Pasta-Qualität sehr gut herausschmecken kann) eine Pastasorte gewählt werden, die nicht durch ihre Form Sauce „speichert", und außerdem eine eher dünnflüssige Sauce benutzt werden, die nur in geringem Ausmaß an der Pasta hängen bleibt. Die hier ausgewählten Penne sind eine „Sowohl-als-auch-Lösung": Mit der Sauce verrührt, nehmen sie teilweise etwas Sauce auf und teilweise nicht.*

Die ***Herstellung gerösteter Pinienkerne*** *ist sehr einfach, erfordert aber eine kleine Grundinformation. Wie alle Produkte, die geröstet (oder gebraten) werden, verändern auch die Pinienkerne ihr Aroma durch den Röstvorgang erheblich. Während die rohen Pinienkerne ein sehr mildes, nussiges Aroma haben, wird der Anteil an Röstnoten (und damit der Bitterstoffe) umso höher, je dunkler die Röstung ausfällt. Am besten ist ein mittleres Braun, das sowohl den Eigengeschmack der Kerne nicht übertüncht als auch eine schöne, begrenzte Röstnote hat. Werden die Kerne zu dunkel, ergibt sich eine störend bittere Röstnote, die den Einsatz in einem Gericht quasi unmöglich macht.*

Zum Rösten werden die Pinienkerne in einer Lage in einer beschichteten Pfanne ausgestreut und die Pfanne auf mittlere Hitze gestellt. Zu Beginn wird sich eine gewisse Zeit lang nicht viel verändern. Wenn die Kerne beginnen, Farbe anzunehmen, geht dies allerdings meist recht schnell. Der Vorgang sollte also gut überwacht werden. Übrigens: Bis in Spitzenrestaurants hinein sind die Auswirkungen des Röstgrades von Pinienkernen nicht allen Beteiligten bewusst.

Sensorik der Zusammenstellung: Die kleine Zusammenstellung hat eine sehr feine sensorische Spannbreite, die große Kontraste vermeidet, aber in einem mittleren Bereich durchaus differenziert ist. Für eine möglichst interessante Sensorik ist es wichtig, dass der Picodon nicht nur sehr frisch und noch nicht wirklich „nach Ziege" schmeckt, sondern auch gut gekühlt ist. Mit seiner cremigen Textur, die sich im Mund eine ganze Zeit lang hält, ermöglicht er interessante Wechselspiele mit den Nudeln, den warmen Saucen und vor allem den schmelzend weichen und warmen Ofentomaten. Es kommt zu einer langsamen Vermischung der Elemente mit dem Picodon, bei der sich das Aroma während des Kauens ständig verändert. Weil der Picodon eher neutral schmeckt, stört diese Sensorik die anderen Aromen nicht. Ein allgemeiner Vorschlag für das **Essen von komplexeren Gerichten** könnte etwa so aussehen: Zuerst isst man kleine Proben der einzelnen Elemente, um sich ein Bild von ihnen machen zu können. Danach kann regelrecht mit ihnen „gespielt" werden, indem verschiedene Zusammenstellungen ausprobiert oder – bei gut komponierten Gerichten ein besonders erfreulicher und interessanter Punkt – eine Gabel oder ein Löffel zusammengestellt wird, der alle Elemente in einer möglichst optimalen Dosierung enthält. Mit etwas Übung läuft dieser Vorgang (der mit „bewussterem Essen" zu tun hat) fast automatisch ab. Er ist im Grunde die selbstverständliche Folge eines sensiblen Umganges mit dem Essen.

Tomatensaucen

Allgemeine Erläuterungen: Die Tomatensaucen zählen zu den gebräuchlichsten Saucen überhaupt, weil sie fast ausschließlich in Verbindung mit der überaus beliebten italienischen Küche bzw. zu Nudelgerichten eingesetzt werden. Im Grunde ist eines der größten kulinarischen Übel jüngerer Generationen, alles und jedes mit Tomatenketchup zu überziehen, auch nichts anderes als die Verwendung einer Art von Tomatensauce, weil das handelsübliche Tomatenketchup in der Regel eine ganze Reihe von den gleichen Bestandteilen hat und insofern also in Herstellung und Funktion einer Sauce ähnelt.

Vor allem aber ist die Tomatensauce eben eine Sauce und als solche eine Variante eines der wichtigsten Elemente jeder Küche. Bei der Herstellung einer Sauce lässt sich sehr viel kulinarisches Denken trainieren. Die Saucen reichen – auch hier – von ganz simpel bis zu etwas fortgeschritteneren Qualitäten, und es empfiehlt sich dringend, an dieser Stelle bis zur Tomatensauce nach klassischer Machart alles zu probieren. Was hier gelernt wird, erleichtert im weiteren Verlauf die Arbeit ganz entscheidend. Im Übrigen besteht kein Grund, warum nicht auch ein Amateur eine hervorragende Sauce herstellen kann. Nirgendwo sonst sind die verwendeten Materialien so relativ einfach zu bekommen. Hier kommt es auf Sensibilität und geschmackliches Urteilsvermögen an.

Beispielrezepte: Tomatensaucen in verschiedenen Schwierigkeitsgraden (bei den Mengenangaben handelt es sich um Proportionen, die je nach Bedarf vergrößert werden können).

Sauce 1: Handelsübliches „Passato“

„Passato“ ist die italienische Bezeichnung für pürierte und passierte Tomaten. Weil das **Passato** im Handel in einer besseren Form zu bekommen ist, als man es selber in unseren Breitengraden herstellen könnte, gibt es hier kein gesondertes Rezept zur Herstellung eines eigenen Passatos. Es ist im Handel in verschiedenen Packungen erhältlich. Beim Probieren wird man in der Regel keine große Ähnlichkeit mit dem Geschmack „normaler“ Tomaten feststellen. Der Grund liegt darin, dass für die Herstellung von Passato in der Regel sehr reife Tomaten verwendet werden, die ein deutlich anderes Aroma haben als die bei uns üblichen. Das Passato wird schlicht und einfach erhitzt und als Sauce zum Beispiel zu Pastagerichten verwendet. Wenn dann noch simple Zutaten wie Parmesankäse, Basilikum oder Mozzarella dazukommen, ist schon eine Art Basisgericht da.

Sauce 2: Passato, modifiziert

Allgemeine Erläuterungen: Das Passato ist als pures Aroma sehr „geduldig“ und ermöglicht viele Veränderungen, die meist sehr wenig Arbeit machen. In der Regel muss das Passato nur erhitzt und einige weitere Zutaten hinzugefügt werden – ohne die Sauce weiter zu reduzieren oder längere Zeit warten zu müssen.

Zutaten: 200 ml handelsübliches Passato
50 ml Sahne
30 g ungesalzene Butter

Zubereitung: Passato und Sahne langsam zusammen erhitzen. Kurz vor dem Servieren die Sauce vom Herd nehmen und die Butter sorgfältig einrühren.

Anrichten: Das fertige Passato mit frischem Basilikum oder geschlagener Sahne, Crème fraîche oder luftgetrockneten Croûtons servieren.

Erläuterungen: *Das langsame Erhitzen des Passatos ist notwendig, weil dieses dickflüssige Produkt sonst schnell anbrennen würde. Die Zugabe der Sahne direkt zu Beginn erhöht die Liquidität der Sauce und setzt das Risiko auf Anbrennen herab. Es empfiehlt sich dennoch, immer wieder umzurühren. Das Einarbeiten der Butter kann im Prinzip auch mit der Sahne zusammen erfolgen. Es gibt dabei Folgendes zu beachten: Wenn einer Sauce eine Zutat erst im letzten Moment beigegeben wird, bleibt deren Aroma präsenter. In diesem Falle schmeckt die Sauce also auch etwas nach Butter. Würde man noch mehr Butter dazugeben, wäre dieser Effekt noch deutlicher. Dieser Satz ist nur scheinbar trivial: Die gleiche Menge Butter zu Beginn (also beim Erhitzen des Passatos) hinzugefügt, würde die Sauce nicht deutlich nach Butter schmecken lassen, sondern die Butter wäre eher irgendwo im Hintergrund für einen harmonischen Gesamtgeschmack zuständig. Das Gleiche gilt auch für die Sahne. Die Dekoration mit geschlagener, sehr kalter Sahne ermöglicht einen direkten Akkord mit dem Aroma der Sahne, während die flüssige Sahne längst mit dem Passato zusammen einen Mischgeschmack gebildet hat. Basilikum oder die Croûtons sorgen für eine kleine texturelle Auflockerung.*

Sauce 3: Einfache Sauce mit frischen Tomaten

Allgemeine Erläuterungen: Die folgende Sauce ist ebenfalls sehr einfach herzustellen. Sie kann allerdings je nach Beschaffenheit der verwendeten Produkte und je nach Sensibilität ihrer Abstimmung eine hohe Qualität bekommen. Wenn zum Beispiel hervorragende Tomaten und hervorragende Olivenöle verwendet werden, kann diese Qualität im Prinzip bis hin zur Spitzenklasse gehen. Wenn dagegen unreife Tomaten aus der Massenproduktion mit einem schwachen Olivenöl kombiniert werden, kann auch schnell Banalität die Folge sein. Solche Zubereitungen führen mitten in die Diskussion um italienische Spitzenrestaurants. Dort entsteht manchmal der Eindruck, als sei für bestimmte Vorspeisen oder Elemente der Aufwand sehr gering. Meist handelt es sich dann um solche oder ähnliche Gerichte, bei denen es auf ganz bestimmte Produktqualitäten und eine extrem präzise Feinabstimmung ankommt. Schwache und sehr hohe Qualität können sehr eng beieinander liegen.

Zutaten: 300 g Tomaten
Salz
Pfeffer aus der Mühle
4 EL Olivenöl
3 Zweige Thymian, klein

Zubereitung: Die Tomaten halbieren, den grünen Stielansatz entfernen und grob würfeln. In einem kleinen Topf 2 EL Olivenöl erhitzen. Tomatenwürfel und Thymian dazugeben. Langsam erhitzen, bis sich die Tomaten weitgehend aufgelöst und ihren Saft abgegeben haben. Durch ein normales Sieb passieren. Weitere 2 EL Olivenöl einrühren und alles mit einem Stabmixer einige Sekunden aufschlagen.

Erläuterungen: *Die Qualität der Tomaten stellt man nicht unbedingt daran fest, dass sie von außen gut „nach Tomate riechen". Bei den Strauchtomaten kann es oft vorkommen, dass das Grün für diesen oberflächlichen Eindruck zuständig ist. Nur eine Probe gibt einen Eindruck von der Qualität einer Tomate (siehe Produktliste). Als* ***Olivenöl*** *ein spezielles Öl zu empfehlen, ist unsinnig, weil das nun tatsächlich eine Sache der persönlichen Vorlieben oder Vorhaben ist (vergleiche dazu aber unter Nummer 1). Wichtig ist in diesem Falle ein recht deutliches Aroma, das sich gegenüber der Tomate und dem Thymian halten kann. Die Mengenangabe im Rezept ist insofern nicht ganz genau: Es kommt darauf an, dass sich zwischen den Aromen eine Balance bildet, in der die einzelnen Elemente der Sauce zum Teil eines Ganzen werden. Ist also das Aroma der Tomate recht wenig ausgeprägt, muss auch das des Öls nicht so ausgeprägt sein. Was aber ist eine* ***Balance der Aromen****? Vordergründig gesehen muss die Sauce so schmecken, dass Tomate, Olivenöl und Thymian – also die Hauptaromen – eindeutig zu identifizieren sind. Mit einem solchen Ergebnis könnte man durchaus leben. Es gibt aber auch eine Art von Balance, die nicht Gleichberechtigung als höchstes Ziel hat, sondern eine Art subtilen Aromenaufbau, bei dem es ein Hauptaroma und dienlich eingesetzte Nebenaromen gibt. In diesem Falle wäre es also das Aroma der Tomate, das durch eine feine Abstimmung in der Dosierung von den anderen Aromen ergänzt wird, und zwar unter Umständen so, dass das Olivenöl und der Thymian nicht mehr deutlich identifiziert werden, aber die Tomate irgendwie ganz besonders gut schmeckt. Diese Form der* ***Aromenbildung*** *findet sich oft bei sehr guten Köchen. Beim Essen entsteht der Eindruck, so eine gute Tomatesauce noch nie gegessen zu haben oder auch ein solches Aroma bei einer Tomate noch nie geschmeckt zu haben.*

Zu allem Überfluss ist in unserer einfachen Tomatensauce aber auch noch ein spezieller kleiner Trick eingebaut. Das zu Anfang eingesetzte Öl wird sich mit der Tomate so verbinden, dass es nicht mehr identifizierbar ist. Das am Schluss zugegebene aber wird – vorausgesetzt es ist markant genug – deutlich wahrgenommen. Dieser Effekt wurde schon unter Nummer 5 („Mijotage") erwähnt. Insofern wird verständlich, warum die scheinbar so einfache Sauce so unterschiedliche Qualitäten annehmen kann.

Das Aufschlagen der passierten Sauce mit einem Mixstab dient der engeren Verbindung von Öl und Wasser, die hier eine schön gleichmäßige Konsistenz der Sauce ermöglichen.

Sauce 4: Tomatensauce, klassisch

Allgemeine Erläuterungen: Diese Sauce ist „klassisch", weil ihre Elemente und teilweise auch ihr Aufbau einem **klassischen Saucenaufbau** der französischen Küche entsprechen, der fast immer mit den Schalotten beginnt und mit Wein und Fond als wesentlichen Elementen arbeitet. Die Kenntnis dieser Art des Saucenaufbaus ist für jeden, der auch nur ein wenig Substanz in seine Küche bringen will, absolut notwendig. In gewisser Weise schafft die Verbindung aus Schalotten, Wein und einem jeweils passenden Fond eine Art Grundgeschmack der klassisch-französischen Küche. Auch eine der berühmtesten Saucen, die „Beurre blanc", geht mehr oder weniger auf dieses Grundprinzip zurück. Es wird allerdings nicht schemahaft durchgehalten, sondern in einer Unzahl von Varianten angewandt.

Zutaten: 1 EL Olivenöl
10 g Schalottenwürfel
300 g Tomate
100 ml trockener Weißwein
100 ml Geflügelfond (s. Seite 101)
Zitrone
2 EL Olivenöl zum Abschmecken oder etwas Sahne und Butter, ungesalzen

Zubereitung: Die Tomaten halbieren, den grünen Stielansatz entfernen und grob würfeln. In einem kleinen Topf das Olivenöl erhitzen und die Schalottenwürfel darin anschwitzen. Tomatenwürfel dazugeben und köcheln lassen, bis sie sich fast vollständig aufgelöst und ihren Saft abgegeben haben. Wein und Fond angießen, einige Spritzer Zitrone dazugeben. In etwa 10–15 Minuten köchelnd leicht reduzieren. Sauce nach Belieben entweder in dieser Form verwenden oder kurz mit einem Mixstab aufschlagen und anschließend durch ein normales Sieb passieren. In beiden Fällen am Schluss 2 EL Olivenöl einrühren und/oder mit minimal Sahne und ungesalzener Butter abschmecken.

Erläuterungen: *Das Olivenöl zum Anschwitzen sollte in diesem Falle nicht zu speziell sein, das Olivenöl zum Abschmecken kann durchaus sehr gut und speziell sein. Die Schalottenwürfel sollten klein und vor allem gleichmäßig sein, weil ungleichmäßig große Würfel dazu führen könnten, dass die kleinen Würfel schon Gefahr laufen anzubrennen, während die größeren noch nicht glasig sind. Die* ***Schalotten schneidet man*** *am besten an beiden Enden etwas glatt und entfernt dann die Haut. Würfel erzielt man immer durch drei Schnitte: senkrecht, horizontal und noch einmal senkrecht – diesmal um 90 Grad verschoben. Anfänger werden diese Schnitte einzeln nacheinander ausführen müssen, also erst Scheiben, dann Stifte, dann Würfel schneiden. Die Profis machen die ersten beiden Schnitte an der kompletten Schalotte (und schneiden dabei jeweils nicht ganz durch), was ihnen ermöglicht, am Schluss direkt feinste Würfel zu haben. Auch wenn das Schneiden von Schalotten immer wieder in dieser Form im Fernsehen gezeigt wird: es geht auch langsamer und macht keinerlei Aussage über die Qualität des Kochs. Schalotten werden in der guten Küche für diese Zwecke immer vorgezogen, weil ihr Aroma milder und komplexer als das von Zwiebeln ist. „Trockener Weißwein" (siehe Produktliste) ist eine Formulierung, die sich beim Kochen in vielen Rezepten findet. Dahinter steckt eine klare Aussage darüber, was in einem Saucenaufbau von einem Wein erwartet wird und was nicht. Er braucht kein spezielles Aroma zu haben und nicht besonders teuer zu sein, weil sein Aroma im Verlauf der Saucenherstellung nur teilweise eine Rolle spielt. Was bleibt vom Wein, ist eine gewisse Säure und ein etwas herbes Aroma (solche Merkmale haben sehr viele Weine), das im Aromenspektrum der späteren Sauce eine wichtige Rolle spielt. Der Fond kann auch in diesem Falle ein Gemüsefond oder ein Kalbsfond sein. Der Geflügelfond wirkt vergleichsweise neutral, der Gemüsefond liefert einen zusätzlichen Gemüsehintergrund (auf den aber zugunsten des klareren Tomatenaromas auch verzichtet werden kann), der Kalbsfond würde einen leichten Fleischgeschmack hinzufügen.*

Sauce 5: Tomatensauce mit komplexen Aromen

Der eigentliche Saucenaufbau beginnt mit dem Fett, das erhitzt wird, aber auf keinen Fall dampfen oder kochen sollte. Die Schalottenwürfel werden hinzugegeben und unter leichtem Rühren angeschwitzt. Sie verlieren dabei den größten Teil ihres Wassers und nehmen gleichzeitig Fett auf, was sie leicht glasig aussehen lässt. Ergänzend zum klassischen Saucenaufbau kommen nun die Tomatenwürfel hinzu. Wein und Fond haben anschließend die Funktion, durch Reduktion und Vermischung der Einzelaromen ein komplexes Saucenaroma zu ermöglichen. Der Umstand, dass allein ein beliebiger Fond (Beispiel dazu im Anhang) schon aus einer ganzen Anzahl von Aromen besteht, macht deutlich, warum in einer solchen Sauce ein komplexer Geschmack entstehen kann. Was den Arbeitsaufwand angeht, so muss der Saucenansatz natürlich präzise überwacht werden. Das langsame Reduzieren kann allerdings beliebig lange dauern, ohne dass sich irgendeine Verschlechterung des Endergebnisses ergibt. Im Gegenteil: Bei vielen Saucen ist es von großem Vorteil, wenn die Reduktion sehr langsam verläuft, weil sich die Aromen dann besonders gut vermischen.

Allgemeine Erläuterungen: Die Tomatensauce mit komplexen Aromen wird in zwei Arbeitsgängen hergestellt. Am Anfang steht ein Grundansatz, der eine leicht vereinfachte Form der klassischen Tomatensauce ist. Dann folgt in einem zweiten Arbeitsgang eine vielfältige Aromatisierung mit einer ganzen Anzahl von Aromen. Dieser zweite Arbeitsgang könnte auch als ein umfangreicheres **Abschmecken** der Sauce bezeichnet werden.

Grundansatz

Zutaten: 1 EL Olivenöl
10 g Schalottenwürfel
300 g Tomaten
50 ml trockener Weißwein
100 ml Geflügelfond (s. Seite 101)

Zubereitung: Die Tomaten halbieren, den grünen Stielansatz entfernen und grob würfeln. In einem kleinen Topf das Olivenöl erhitzen. Schalottenwürfel dazugeben und darin anschwitzen. Dann die Tomatenwürfel hinzufügen und unter leichtem Rühren schmelzen lassen, bis sie ihre Form fast ganz verloren und ihren Saft abgegeben haben. Wein und Fond angießen, dann die Flüssigkeit in etwa 10 Minuten leicht köchelnd um etwa ein Drittel reduzieren. Durch ein normales Sieb in einen zweiten Topf passieren.

Fertigstellung

Zutaten: 1 gestr. EL Tomatenmark
1 TL Tomatenketchup
1 gute Prise Curry
1 geh. TL getrocknete Tomaten, püriert
1 geh. TL Akazienhonig
5 Tropfen Tabasco

Zubereitung: Die passierte Sauce vorsichtig wieder erwärmen und die einzelnen Aromen nacheinander unter leichtem Rühren sorgfältig einarbeiten. Noch etwa 5 Minuten ziehen lassen.

▶▶

Erläuterungen zur Tomatensauce mit komplexen Aromen: *Die Idee zu dieser Sauce geht auf den berühmten französischen Starkoch Joël Robuchon zurück. Als Robuchon 1996 im Alter von erst 50 Jahren sein Drei-Sterne-Restaurant schloss, galt er allgemein als der beste Koch der Welt. Mit einer Reihe der damaligen Mitarbeiter betreibt er heute Restaurants in verschiedenen Ländern, von den USA bis nach Japan. Robuchon erregte unter anderem mit einer Tomatensuppe Aufmerksamkeit, die er unter anderem mit Ketchup und Tabasco abschmeckte. Die Verwendung solcher „ordinärer" Zutaten in der Spitzenküche erregte damals viel Verwunderung. Warum also die Verwendung von Tomatenmark, Ketchup oder Tabasco? Und – warum überhaupt sechs verschiedene Aromen zum Abschmecken einer simplen Tomatensauce? Alles dient zur Intensivierung des Tomatenaromas und nicht etwa zu dessen Übertünchung. Die meisten Köche wählen die Aromen, mit denen sie ein Produkt weiterbehandeln, „aus dem Bauch heraus" und nicht unbedingt nach längeren Überlegungen. Sie haben eine Idee und probieren sie aus, dann essen sie das Resultat, und es ist gut oder nicht gut genug. Es geht aber auch etwas systematischer. Jedes Produkt hat eine ganze Menge von Einzelaromen. Von Bedeutung ist, welche Elemente verstärkt werden sollen und womit.*

Das ist die Grundlage dieser Tomatensauce mit komplexen Aromen.

Sensorische Erläuterungen zu den Tomatensaucen: Im Zusammenhang mit den reinen Saucen (also ohne zum Beispiel krosse Einlagen) ist der wichtigste sensorische Aspekt der der aromatischen Tiefe. Ein alter Satz der klassischen Küche lautet – auf die Saucen übertragen: „In einer Sauce kann nur drin sein, was man hineingetan hat." Ursprünglich waren damit Suppen gemeint und der Fleischgehalt, der als besonderer Luxus galt, wenn er etwas höher war. Tiefe, also diese gewisse Unergründlichkeit einer Sauce, basiert auf ganz klaren handwerklichen Aspekten. Tiefe empfinden wir zum Beispiel vor allem dann, wenn wir auch einen Bezugspunkt, also ein vordergründiges Aroma haben. Um Tiefe zu erzeugen, brauchen wir also immer allerlei Aromen, die sich langsam vermischen und eine Komplexität entwickeln, bei der wir nicht mehr so ohne weiteres sagen können, welche Elemente sie eigentlich bestimmen. Dann aber brauchen wir auch Aromen, die spät in die Sauce kommen und die als Folge dessen deutlicher wahrzunehmen sind. Nur so entsteht eine gewisse aromatische Räumlichkeit.

Tomatenmarmelade/-chutney

Allgemeine Erläuterungen: Marmeladen und Chutneys haben in der modernen Küche einen festen Stellenwert als interessante Beilagen bekommen. Beide Begriffe werden heute in einem etwas übertragenen und nicht mehr nur im ursprünglichen Wortsinn benutzt, in dem das Chutney vor allem eine scharf gewürzte asiatische Sauce mit Früchten ist (die über die englischen Kolonialherren zunächst in England populär wurde). Während die Begriffe „Konfitüre" und „Marmelade" ursprünglich für die Fruchtzubereitungen mit Zucker reserviert waren, wird speziell der Begriff „Marmelade" heute für alle möglichen Zubereitungen unter Zuhilfenahme süßer Materialien benutzt. Speziell bei etwas kreativeren Köchen findet sich dann auch einmal eine „Gurkenmarmelade" oder Ähnliches.

Kulinarisch sind die Marmeladen durchaus sinnvoll und können sehr interessant schmecken, vor allem dann, wenn nicht einfach – wie bei den klassischen Marmeladen – Zucker, sondern andere süße Elemente wie Honig, Fruchtsirup oder Früchte im Zusammenhang mit an sich herzhaften Produkten benutzt werden. Im Gegensatz zu den fast immer von sehr viel Zucker gesättigten Konfitüren oder Marmeladen, wo der hohe Zuckeranteil unter anderem der besseren Konservierung dient, ist der Zuckeranteil bei den herzhaften Marmeladen eher gering und ausschließlich geschmacklich bedingt. Diese Marmeladen werden üblicherweise für den zügigen Verbrauch hergestellt. Etwas anders ist die Lage bei den Chutneys, die in vielfältigen Formen auch in Gläsern konserviert angeboten werden.

Tomatenmarmelade mit Kastanienhonig

Zutaten:
1 Tomate, groß
1 EL Olivenöl
1 gehäufter TL Kastanienhonig (oder Buchweizenhonig)

Zubereitung: Die Tomate halbieren, den grünen Stielansatz entfernen und grob würfeln. In einem kleinen Topf das Olivenöl erhitzen. Die Tomatenwürfel dazugeben und schmelzen lassen, bis sie weitgehend zerfallen sind. Dann den Honig einrühren und – eventuell unter Zugabe von etwas Wasser – mit aufgesetztem Deckel 10 Minuten bei geringer Temperatur köcheln lassen. Die Marmelade durch ein normales Sieb in ein sauberes Schraubglas passieren. Gut verschließen. Die Marmelade hält sich im Kühlschrank einige Tage.

Erläuterungen zur Tomatenmarmelade: *Das Olivenöl sollte eher neutral sein. Ein intensives Aroma könnte die Balance zwischen Tomate und Honig stören. Der Kastanienhonig ist neben dem Buchweizenhonig ein Honig, der im Zusammenhang mit der Tomate ein sehr originelles und spezielles Aroma entwickelt. Andere Honigsorten bleiben in diesem Zusammenhang eher unauffällig und bringen in erster Linie nur ihre Süße in den neuen Gesamtgeschmack ein. Die Dosierung des Honigs ist im Rezept nicht angegeben, weil eine gute Dosierung ganz entscheidend von der Intensität des Tomatenaromas abhängt. Am besten ist es, mit einer geringen Dosis Honig zu beginnen und sich langsam an eine ausgewogene Proportion heranzuarbeiten. Die fertige Tomatenmarmelade kann durch ein normales Sieb passiert werden, um die Schalen vom Tomatenfleisch zu trennen. Geschmacklich notwendig ist das nicht.*

Variationsmöglichkeiten: Die Tomate ist aromatisch sehr „belastbar“ und vermischt sich mit sehr vielen Aromen ohne größere Probleme. Insofern ist die Tomatenmarmelade ein ideales Experimentierfeld zur Verbindung von Tomate mit allen Arten süßer Aromen. Besonders zu empfehlen sind neben den verschiedenen Honigsorten Fruchtpürees (oft als „Fruchtmark“ im Handel) oder auch die Kombination von Fruchtstücken und etwas Zucker.

Verwendung: Eine Tomatenmarmelade ist natürlich auch im Pasta-Bereich einzusetzen. Die besten Wirkungen werden aber eher mit Fisch- und Fleischgerichten erzielt, vor allem beim Lamm. Der leicht süße Kontrapunkt zu Gebratenem wirkt oft sehr harmonisch und geradezu elegant.

Tomatenchutney

Die Portion reicht für einen kleinen Vorrat, als kleine Beilage für etwa 10 Portionen

Allgemeine Erläuterungen: Die Idee dieses Tomatenchutneys basiert auf einem Chutney des bretonischen Fisch- und Gewürzspezialisten Olivier Roellinger aus Cancale/Bretagne, der im Frühjahr 2006 seinen dritten Michelin-Stern erhielt. Roellinger hat ein ganz besonderes Gefühl für die Arbeit mit Gewürzen und entwickelt immer wieder neue Gewürzmischungen, die zum Besten gehören, was in der Spitzenküche im Gewürzsektor hergestellt wird. Die Basis für das Tomatenchutney lässt sich ohne weiteres einige Tage im Kühlschrank konservieren oder auch regelrecht einmachen. Das komplette Tomatenchutney sollte immer frisch fertig gestellt werden, weil nur so die Tomaten ihre frische Wirkung entfalten können.

Zutaten: 20 g Birne
20 g Apfel (Granny Smith)
20 g Ananas (frisch oder aus der Dose)
15 g eingelegter Ingwer
15 g Korinthen
50 ml brauner Reisessig (Asialaden)
50 g Zucker
2 Tomaten (mittelgroß, bissfest)

Zubereitung: Birne, Apfel, Ananas und Ingwer fein würfeln (ca. 5 mm Kantenlänge). Zusammen mit dem Essig und dem Zucker 15 Minuten in einem kleinen Topf mit geschlossenem Deckel erhitzen. Dann den Deckel abnehmen und die Flüssigkeit auf etwa die Hälfte reduzieren. Diese Chutney-Grundlage kann abgedeckt im Kühlschrank einige Tage aufbewahrt werden.
Die Tomaten vierteln und entkernen. In Streifen und dann in Würfel von etwa 5 mm Kantenlänge schneiden. Das Chutney vorsichtig erhitzen, die Tomatenwürfel dazugeben und etwa 30 Sekunden behutsam umrühren. Sofort servieren.

▶▶

Erläuterungen zum Tomatenchutney: *Wichtig bei den Fruchtwürfeln ist ihre Stabilität. Wenn sie beim Erhitzen zu weich werden, besteht die Gefahr, dass sie sich auflösen. Für das Chutney ist es aber besser, wenn sie sich zwar teilweise von außen mit anderen Aromen „imprägnieren“, aber im Kern auch noch ihren Eigengeschmack erhalten. Deshalb sollte nach Möglichkeit auch frische Ananas verwendet werden, die deutlich fester bleibt als eingemachte in Dosen oder Gläsern. Beim Ingwer ist der Fall etwas anders. Der eingelegte Ingwer (Ingwerconfit) ist bereits vorgegart und von Zuckerlösung durchzogen, bleibt aber stabil und zerfällt nicht. Ingwer in dieser Form findet man in Asia-Läden, meist als Kugeln von etwa 3 cm Durchmesser und in Gläsern. Den braunen Reisessig gibt es ebenfalls dort. Es empfiehlt sich der Kauf einer Sorte, die wirklich ein kräftiges Braun hat.*

Die Tomaten mögen aromatisch sehr gut für ein Chutney geeignet sein, mechanisch sind sie es kaum, weil sie bei der Zubereitung sehr schnell weich werden und die Gefahr besteht, dass sie sich auflösen. Deshalb ist das Tomatenchutney ein eher spezielles Chutney, weil die Zubereitung aufgeteilt wird in den haltbaren Teil und den Teil, der immer frisch ergänzt werden muss.

Sensorische Erläuterungen: Das Chutney in dieser Form ist sensorisch ziemlich komplex. Der sehr vielfältig schmeckende Sirup parfümiert sofort den kompletten Mundraum und bleibt wegen seines leicht dickflüssigen Charakters länger dort erhalten, als es eine dünnflüssige Flüssigkeit tun würde. Er ist also recht nachhaltig. Ein solcher Sirup sorgt für einen **Gewürzraum**. Dieser Effekt lässt sich am besten mit einem Raum vergleichen, in dem zum Beispiel Wände und Möbel in einer Farbe gehalten sind. Alles, was dann in diesen Raum hineinkommt, wird etwas von dieser Farbe abbekommen. Kulinarisch gesehen ist der Gewürzraum eine hochinteressante Sache, die noch gar nicht richtig genutzt wird und noch nicht richtig erforscht ist. Ein einfaches Beispiel wäre eine Marmelade, die zum Beispiel mit Curry nachgewürzt würde. Eine solche Masse bleibt relativ lange im Mund „kleben“ und hat einen klaren Einfluss auf das, was wir anschließend essen. Wenn wir also nach der Curry-Marmelade ein Stück Weißbrot essen würden, hätten wir das Gefühl, es sei nicht nur Weißbrot, sondern Weißbrot mit etwas Curry und Marmelade.

Mit solchen Effekten lässt sich auch sehr trickreich arbeiten, indem etwa eine Kreation angeboten wird, bei der erst ein Löffel einer Flüssigkeit zu sich genommen wird und dann etwas anderes hinzukommt. Wie bei einer chemischen Reaktion reagiert in diesem Falle das eine mit dem anderen. Es ist dabei sensorisch ein deutlicher Unterschied, ob Elemente zusammen gegessen werden oder in dieser Form nacheinander: Nacheinander gegessen entwickelt sich der Effekt viel deutlicher und ist sozusagen aromatisch nicht zu übersehen. Um die Wirkungsweise eines Gewürzraumes ganz genau zu überprüfen, empfiehlt sich ein einfaches Beispiel: Zuerst isst man ein Stückchen Apfel. Danach einige Tropfen Zitrone und dann nochmals ein Stück Apfel. Unser Chutney ist also geeignet, einen Gewürzraum zu bilden. Wenn – wie das Olivier Roellinger tut – ein Chutney zum Beispiel mit einem St. Petersfisch verbunden wird, ist dieser Effekt besonders deutlich. Beides zusammen zu essen ist nicht unbedingt empfehlenswert, weil das Chutney mit seinem intensiven Aroma auch nur bei geringer Überdosierung den Fisch übertünchen wird. Nacheinander gegessen entwickelt sich ein feines Spiel der Aromen, nicht zuletzt wegen der Gewürzraum-Wirkung.

Variationsmöglichkeiten: Die aromatisch entscheidende Kombination in diesem Chutney ist der Reisessig mit dem Zucker. Die anderen Elemente können ohne weiteres einmal ausgetauscht, also andere Früchte benutzt oder – sehr interessant – Paprikawürfel statt der Tomate eingesetzt werden. In diesem Falle ließe sich dann auch das Chutney in einem Arbeitsgang herstellen und länger konservieren, weil die Paprikawürfel ebenfalls fest genug sind und gut konfiert werden können.

Tomatensäfte

Allgemeine Erläuterungen: In den letzten Jahren hat sich in der kreativen Küche sehr viel getan, und sehr viele Elemente sind Teil ausgetüftelter Menüs geworden. Wenn hier also plötzlich von Tomatensäften die Rede ist, dann nicht um den vielen Tomatensäften oder Tomatencocktails weitere hinzuzufügen, sondern um am Beispiel spezieller Tomatensäfte an der Aromatisierung von Flüssigkeiten für den Einsatz in einem guten Menü zu arbeiten.
Auch bei den Säften zeigt sich ganz deutlich, wie „geduldig" das Aroma der Tomate ist und welche interessanten Verbindungen es eingehen kann.
Im engeren Sinne handwerklich gesehen, ist die Arbeit mit den Säften ein Kinderspiel. Bei der Feinabstimmung der Zutaten aber ist sehr viel Gefühl gefragt und mit etwas Geschick sehr viel möglich.

Tomatensaft mit Ingwer, Vanille und Curry I

Aus fertig gekauftem Tomatensaft

ZUTATEN: 200 ml gewürzter Tomatensaft
1 EL Ingwersirup (oder Sirup aus Gläsern mit eingelegtem Ingwer)
1 Prise Currypulver
1 Prise Ingwerpulver
1 Prise Vanillepulver
Zitrone

ZUBEREITUNG: Einige Zitronenspritzer dazugeben und alle Zutaten mit einem Stabmixer gleichmäßig verrühren.

Erläuterungen zum Tomatensaft mit Ingwer, Vanille und Curry I: *Der Tomatensaft aus dem Handel ist normalerweise bereits so gewürzt, dass er sofort getrunken werden kann. Ein Tomatensaft frisch püriert und passiert oder aus dem Entsafter ist normalerweise noch nicht trinkfertig (was übrigens nicht für das klare Tomatenwasser gilt, das in Kapitel 15 behandelt wird). Der Ingwersirup ist in Asia-Läden im Glas zu bekommen. Eine Alternative ist der Sirup, der in den Gläsern mit den eingelegten Ingwerkugeln ist. Bei den Gewürzpulvern spielt natürlich die Qualität auch eine Rolle. Größere Auswirkungen gibt es allerdings in diesem Falle nur beim Vanillepulver, das nicht mit Vanillezucker zu verwechseln ist. Mit* ***„Prise“*** *ist das gemeint, was man ganz normal mit Daumen und Zeigefinger aufnehmen kann ohne sich zu bemühen, besonders viel aufzunehmen.*

Sensorische Erläuterungen: Das Aroma dieses Saftes sollte noch immer deutlich nach Tomate schmecken, im Hintergrund aber eine leicht exotische Schärfe/Würze haben, die nicht genau als Ingwer, Curry oder Vanille zu definieren ist. Eiskalt serviert entwickeln sich die Aromen etwas langsamer, weil der Mund zuerst auf die Kälte reagiert. In diesem Falle ist ein Einsatz in dieser Form vorzuziehen, weil Frische und eine leicht exotische Würze gut zusammenpassen.

Tomatensaft mit Ingwer, Vanille und Curry II

Aus frischen Tomaten

Zutaten: 100 ml Saft von pürierten und passierten Tomaten (aus 2–3 Tomaten, mittelgroß)
1 TL Ingwersirup
1 Prise Currypulver
1 Prise Ingwerpulver
1 Prise Vanillepulver
Zitrone

Zubereitung: Für den Saft die Tomaten vierteln, den Stielansatz entfernen und grob würfeln. Mit einem Stabmixer pürieren und anschließend durch ein normales Sieb passieren. Den Saft mit den Gewürzen und ein wenig Zitronensaft ebenfalls mit dem Stabmixer gut verrühren.

Erläuterungen und sensorische Anmerkungen zum Tomatensaft mit Ingwer, Vanille und Curry II: *Der entscheidende Unterschied zu dem handelsüblichen Tomatensaft ist seine Dichte. Während die frisch pürierten Tomaten vergleichsweise luftig und „dünn" wirken, ist der gekaufte Saft sehr dicht im Aroma. Bei dem gekauften Saft wurde das gemacht, was unter Nummer 7 als „Aromenbildung" erläutert wurde. In gewisser Weise ist dieser Saft fertig und braucht keine Erweiterungen, auch wenn im Beispiel I die „Weiterarbeit" durchaus Sinn macht. Der frische Saft lässt den neuen Aromen sehr viel mehr Platz. Die Wirkung beim fertigen Saft ist eine größere Leichtigkeit und Transparenz, wenn er sehr gut gelungen ist, gewinnen die Aromen an Eleganz.*

Warmer Tomatenfond mit Kräuter-Infusion

Allgemeine Erläuterungen: Der Begriff **„Infusion“** wird in der Küche zum Beispiel dann benutzt, wenn in einen Saucenansatz (oder allgemein in eine Flüssigkeit) für eine bestimmte Zeit Dinge zur Aromatisierung hineingegeben werden. Das kann zum Beispiel ein kleines Beutelchen mit Gewürzen sein, das nach einer gewissen Zeit wieder herausgenommen wird, weil die Gewürze genügend Aroma an die Flüssigkeit abgegeben haben. Das können aber auch Kräuter sein, unter Umständen auch Gemüse- oder Fruchtstücke. Die Technik der Infusion ist auf jeden Fall eine sehr einfache, die sich besonders wegen der Möglichkeit einer dauernden Überwachung auch für Anfänger eignet. Die Ergebnisse werden oft sehr schnell erstaunlich interessant und eignen sich vorzüglich für Experimente aller Art. Der Tomatenfond ist zwar kein eigentlicher Fond, sondern eine Kombination von Fond und Tomatensaft, kann aber hier ohne weiteres als die aromatische Basis für die weitere Aromatisierung „Fond“ genannt werden.

Zutaten: 100 ml Saft von pürierten und passierten Tomaten
(aus 2–3 Tomaten, mittelgroß)
100 ml Kalbsfond
1 EL junger Balsamico
2 Zweige Thymian, klein
einige Majoranblättchen
½ TL provenzalische Kräuter, getrocknet

Zubereitung: Den Tomatensaft und den Kalbsfond in einem kleinen Topf nur vorsichtig erwärmen, nicht kochen. Balsamico dazugeben und gut verrühren. Die Kräuter in die Flüssigkeit legen und etwa 10 Minuten ziehen lassen bzw. so lange wie gewünscht, die Infusion kann durch Abschmecken jederzeit überwacht werden. Durch ein normales Sieb passieren und warm servieren.

Erläuterungen zum warmen Tomatenfond mit Kräuter-Infusion: *Wegen der notwendigen Transparenz des Tomatenaromas ist für dieses Rezept nur die Verwendung eines frischen Tomatensaftes denkbar. Für den Charakter des Tomatenfonds ist in diesem Falle der Kalbsfond mit seinem leichten Brat-Hintergrund die bessere Lösung als ein Gemüse- oder ein Geflügelfond. Der Tomatenfond setzt sich so deutlicher von den anderen Säften ab und kann Teil einer sehr schönen Präsentation verschiedener Säfte werden (siehe weiter unten). Ein junger Balsamico ist üblicherweise auch der billigere. Für dieses Rezept ist neben der Säure vom Essig nur ein klein wenig Süße sinnvoll und außerdem keine so große Subtilität des Aromas, wie wir sie bei den alten Balsamicos finden. Thymian und Majoran sollten nach Möglichkeit frisch sein. Der ab und zu im Handel zu findende getrocknete Thymian funktioniert aber ebenfalls, während der Majoran unbedingt frisch sein sollte. Als Ersatz für den Majoran ist auch Oregano (der wilde Majoran) denkbar. Bei den getrockneten provenzalischen Kräutern sollte immer wieder einmal überprüft werden, dass sie nicht zu alt werden. Sie verlieren mit der Zeit wesentliche Teile ihres Aromas.*
Die Beobachtung der Wirkung der Infusion kann schon nach etwa 5 Minuten beginnen.

Variationsmöglichkeiten: Der warme Tomatenfond mit Kräuter-Infusion lässt sich in allen seinen Bestandteilen (außer dem Tomatensaft) variieren, was zu sehr speziellen Ergebnissen führt. Im Prinzip ist fast jedes Kraut und die Kombination verschiedener Kräuter möglich – egal ob frisch oder getrocknet. Dazu kommen die Essige. Es gibt sehr viele unterschiedliche Essige, von Weinessigen über Sherry-Essig bis zu verschiedenen bereits aromatisierten Essigen. Essige sollten immer sehr vorsichtig dosiert werden. Der Essig hat hier vor allem die Funktion, den Säureanteil im Tomatenfond ein wenig zu erhöhen, was wiederum ein etwas breiteres Aromenspektrum ergibt.

Tomatensaft mit Fruchtaromen

Allgemeine Erläuterungen: Auf die guten Kombinationsmöglichkeiten der Tomate mit Früchten wurde schon hingewiesen. Es kommt dabei immer darauf an, mit den Fruchtaromen entweder „unterhalb" des Tomatenaromas zu bleiben oder „à point" zu kombinieren. Das heißt in diesem Fall: den Punkt anzustreben, der ein Maximum an neuer Zutat darstellt, ohne das Tomatenaroma zu übertünchen.

Zutaten: 100 ml pürierten und passierten Tomatensaft (aus 2–3 Tomaten, mittelgroß)
50 ml Traubensaft
3 EL Johannisbeernektar
3 EL Blutorangensaft
1 Prise Vanillepulver
1 Prise Kardamompulver.

Zubereitung: Alle Zutaten mit einem Stabmixer gründlich verrühren.

Erläuterungen zum Tomatensaft mit Fruchtaromen:
Es gibt einen klaren Grund für die Verwendung mehrerer Fruchtaromen. Mit nur einem einzelnen Aroma würde das differenzierte aromatische Spektrum der Tomate nicht gut unterstützt. Mit den verschiedenen Aromen ergibt sich eine breite Palette von der Süße bis zu verschiedenen Ausprägungen von Fruchtsäure und einer verschiedenartigen Nachhaltigkeit je nach Dichte der Aromen. Wegen der unterschiedlichen Produkte im Handel können die Mengenangaben aber nur ungefähr sein. Je nach Produkt kann der Zuckergehalt oder der Säureanteil unterschiedlich hoch sein. Es gilt dabei das zu beachten, was oben unter „Allgemeine Erläuterungen" erwähnt wurde.
Das Vanillepulver liefert eine Art „warmen" aromatischen Hintergrund, das Kardamompulver ein erfrischendes Element, das von den ätherischen Ölen im Kardamom herrührt.

Verwendung der Säfte und sensorische Erläuterungen: Natürlich kann man jeden Saft allein trinken, besonders wenn er gut gekühlt serviert wird (bis auf den Tomatenfond). Das Optimum wäre es, alle vier Säfte gleichzeitig zu servieren, wobei auch noch die Temperatur variiert werden kann. Neben dem warmen Tomatenfond mit Kräuter-Infusion könnte ein eiskalter Tomatensaft mit Fruchtaromen stehen und die beiden anderen Säfte leicht kalt (Saft II) und bei Zimmertemperatur (Saft I). In wechselnden Reihenfolgen getrunken, schmecken diese Säfte jeweils etwas anders, weil natürlich jeder Saft im Mund gewisse aromatische Spuren hinterlässt, die den nächsten getrunkenen Saft ein klein wenig beeinflussen. In einem Menü könnte die Präsentation der drei Säfte plus dem Tomatenfond mit Kräuter-Infusion eine Vorspeise bilden.
Allgemein ist es aber auch sehr interessant, ein Glas Saft zu einem ganz normalen Gericht zu servieren. Als alternatives Aroma und als Flüssigkeit, die im Mund eben anders wirkt als ein zerkautes Stück Fleisch mit etwas Gemüse, hat es oft eine interessante, auflockernde und kulinarisch bei gutem Einsatz eine sehr lehrreiche Funktion. Wer etwa zu seinen warmen Garnelen im Tempurateig einen gut gekühlten Tomatensaft mit Ingwer und Curry trinkt, wird aromatisch und texturell interessante Wahrnehmungen haben. Ganz besonders wirksam sind sensorisch durchdachte Abläufe. Wenn man zum Beispiel eine warme Garnele im Tempurateig in den Mund nimmt, kurz grob zerkaut und dann einen eiskalten Schluck vom Tomatensaft II trinkt, blockiert dessen Kälte im Moment jede andere aromatische Wahrnehmung, um sich dann ganz speziell als Mischaroma von Garnele und Saft zu entwickeln.

Tomatensuppe

Allgemeine Erläuterungen: Eine Tomatensuppe gehört vermutlich zu den in unseren Breitengraden am häufigsten vorkommenden Suppen: Das große Angebot reicht von der Pizzeria bis Dosen- oder Tütensuppen und ist fast zu einem Grundnahrungsmittel des modernen Menschen geworden.

Wie bei jeder Suppe und ihren nahen Verwandten, den Saucen, gibt es auch von der Tomatensuppe eine Spannbreite von ganz simpel bis zu überaus fein, und es ist überhaupt nicht angebracht, eine Tomatensuppe grundsätzlich für simpel und etwas Triviales zu halten.

Wie alle Flüssigkeiten (zum Beispiel die Saucen und die Tomatensäfte) ist auch die Tomatensuppe hervorragend als Objekt zum Erlernen eines verfeinerten Kochens geeignet. Im Ansatz ähnelt eine gute Suppe durchaus einer guten Sauce, wobei bei der Suppe allerdings dazukommt, dass sie nicht so stark reduziert wird, also nicht durch Reduktion beliebig „auf Geschmack" gebracht werden kann. Die Suppe soll auch normalerweise nicht so dicht und aromatisch sein wie eine Sauce, weil es sonst geradezu anstrengend wäre, sie zu essen. Trotzdem darf eine Suppe sehr viel Aroma haben, aber eben in einer etwas leichteren Form.

Was das bedeutet, wird auf den Seiten 47 u. 48 erläutert.

Ungebundene Tomatensuppe

4 kleine Portionen

Grundansatz

ZUTATEN: (alle Mengenangaben beziehen sich auf die geputzten Gemüse)
3 EL Olivenöl
50 g geräucherter Bauchspeck
25 g Schalottenwürfel
35 g Lauch (nur vom weißen Teil)
30 g Staudensellerie
40 g Karotten
600 g Tomaten
1 Lorbeerblatt, mittelgroß
100 ml trockener Weißwein
200 ml Gemüsefond
200 ml Geflügelfond (s. Seite 101)
3 Zweige Thymian, klein
1 Prise provenzalische Kräuter, getrocknet
1 TL Majoranblättchen

ZUBEREITUNG: Bauchspeck in Scheiben von ca. 5 mm Dicke schneiden. Schalotten fein, Lauch, Sellerie und Karotten grob würfeln. Die Tomaten halbieren, den grünen Stielansatz beseitigen und ebenfalls in grobe Würfel schneiden. In einem Topf das Olivenöl erhitzen. Den Speck und die Schalottenwürfel darin anschwitzen. Das Wurzelgemüse dazugeben und ebenfalls kurz anschwitzen. Dann die Tomaten hinzufügen und anbraten, bis sie beginnen, sich aufzulösen und ihr Wasser abgeben. Den Wein und die Fonds angießen, das Lorbeerblatt und die Kräuter hinzufügen. Mit aufgesetzem Deckel 20 Minuten bei geringer Hitze köcheln lassen, danach ohne Deckel weitere 15 Minuten. Dabei die Flüssigkeit leicht reduzieren, gelegentlich umrühren. Anschließend durch ein normales Sieb in einen passenden Topf passieren, dabei alles gut ausdrücken.

Fertigstellung

ZUTATEN: 1 geh. TL Tomatenmark
5 Spritzer Tabasco
1 EL Tomatenketchup
1 geh. TL getrocknete Tomaten, püriert
20 g Butter

FERTIGSTELLUNG: Die passierte Suppe wieder behutsam erwärmen. Die Aromen unter leichtem Rühren vorsichtig einarbeiten. Gleich große Basilikumblätter zu einem kleinen Päckchen stapeln und in feine Streifen schneiden.

ZUM ANRICHTEN: einige Blätter Basilikum, in Streifen geschnitten
etwas Olivenöl

ANRICHTEN: Die Suppe mit reichlich Basilikumstreifen bestreuen und 1 bis 2 EL Olivenöl in Fäden über alles geben.

Erläuterungen zur ungebundenen Tomatensuppe:
Zuerst ein paar Worte zum Ausdruck ***„ungebundene" Suppe*** *im Titel. Dieser Begriff dient zur Unterscheidung von Suppen, die entweder mit Bindemitteln (z.B. Speisestärke) oder mit viel Sahne etc. etwas „cremiger" gemacht wurden. Es ist natürlich auch bei dieser Suppe möglich, irgendwann zwischendurch etwas Sahne anzugießen, vielleicht sogar noch im Zusammenhang mit einem Stich ungesalzener Butter (****„Stich"*** *ist ein altertümliches Wort aus der Großmutter-Generation. Es bezeichnet das Stückchen Butter, das man mit einem Messer „normalerweise" von einem Stück Butter abschneidet. Die Menge dürfte etwa bei 10 Gramm liegen). Die fertige Suppe lässt sich auch noch mit Sahne verfeinern, die man am besten sehr kalt aus dem Kühlschrank nimmt, schlägt und mit einem Holzlöffel vorsichtig unter die Suppe zieht, also einrührt. Bei der Beispielsuppe wurde darauf verzichtet, weil es einerseits bei einer Suppe mit pürierten Anteilen kaum nötig ist, für etwas Bindung zu sorgen, und andererseits das Aroma möglichst klar und pur auf die Tomate bezogen werden und nicht durch Sahne etc. „verlängert" werden soll. Die Suppe beginnt mit einem Grundansatz, der sehr klassisch diverse Wurzelgemüse und Fleisch verwendet, um ein Grundaroma zu erzeugen, das für die Tomate einen komplexen, tiefen Hintergrund bilden kann. Die Kombination der Wurzelgemüse findet sich in der klassischen Küche so oder ähnlich in sehr vielen Zubereitungen. Eine besondere Rolle kommt hier dem geräucherten Bauchspeck zu, der nicht nur eine Fleischnote, sondern vor allem seine Räuchernote beiträgt. Diese Räuchernote wird ihre Auswirkung bis hin zur fertigen Suppe haben.*

▶▶

Die größeren Scheiben sollen es ermöglichen, sie im Zweifelsfalle auch vor der genannten Zeit zu entfernen. Das kann je nach Stärke des Räuchergrades des verwendeten Bauchspecks notwendig werden, um die Räuchernote nicht zu dominant werden zu lassen. Weil mit dem Bauchspeck eine deutliche Fleischnote bereits vorhanden ist, finden als Fond zwei Fonds Verwendung, die kein ausgeprägtes Fleischaroma haben, aber der Suppe eine schön abgerundete Tiefe verleihen können. Insgesamt sind die Zutaten des Grundansatzes so gehalten, dass – bis auf die Räuchernote – kein Aroma besonders auffällt, aber ein komplexes, der Tomate dienliches Gesamtaroma entsteht. Die Aufteilung der Garung in einen Teil bei geschlossenem Deckel und einen Teil bei geöffnetem Deckel hat bestimmte Gründe. Die Garung bei geschlossenem Deckel dient zur besseren Vermischung der Aromen in einem geschlossenen Kreislauf („Mijotage", siehe unter Nummer 5), die Fortsetzung bei geöffnetem Deckel dient einer leichten Reduktion und damit Konzentration der Flüssigkeit. Würde die komplette Zeit über bei geöffnetem Deckel gegart, bestünde die Gefahr, dass die Flüssigkeit unerwünscht stark reduziert würde.

Die Aromen für die Fertigstellung sind ähnlich denen in der komplexen Tomatensauce unter Nummer 7, sie wirken hier aber vor dem Hintergrund des Ansatzes mit Gemüse und geräuchertem Bauchspeck nicht so plakativ. Insgesamt schmeckt diese Tomatensuppe durchaus nicht nach den vielen Bestandteilen, die zu ihrer Herstellung notwendig waren, sondern vor allem wie eine richtig gute Tomatensuppe. Insofern entspricht sie den typischen Regeln der klassischen Küche, die nichts gegen viele Zutaten und komplexe Rezepte hat, aber immer auf das Grundaroma einer Zubereitung achtet.

Die Butter als späte Zugabe hat quasi die Funktion eines Gewürzes. Wird sie vorsichtig und im letzten Moment eingerührt, wird ihr Aroma sich wie ein leichter Hauch über das Gesamtaroma legen. Ein spezieller Trick ist das Servieren mit ***„Fäden" eines guten Olivenöls****. Dazu sollte am besten ein stark gekühltes Olivenöl verwendet werden, damit es deutlicher aromatisch wirksam werden kann. Wenn das Olivenöl nämlich warm wird, kann sein Aroma bei weitem nicht so deutlich wahrgenommen werden, als wenn es kühler ist. Um diesen Effekt zumindest eine Zeit lang möglich zu machen, wird das Olivenöl stark abgekühlt – im Kühlschrank oder in einer Schale mit Eiswürfeln. Allerdings ist darauf zu achten, dass es nicht zu kalt wird, weil es dann gerinnt und etwa die Konsistenz von Softeis annimmt. Der französische Spitzenkoch Alain Ducasse hat in seinen Restaurants immer Olivenöl für diese und ähnliche Zwecke gekühlt bereitstehen.*

Sensorische Erläuterungen: Ausnahmsweise sollte bei der ungebundenen Tomatensuppe auf stark wirksame sensorische Maßnahmen verzichtet und die Suppe so pur wie möglich gegessen werden – also auch ohne nebenbei Brot zu kauen. Die sensorisch besonders aktiven Zusätze wie die Basilikumstreifen und das gekühlte Olivenöl sind vor allem zu Beginn wirksam, solange das Basilikum noch nicht in die Suppe eingesunken ist und das Öl noch so kalt ist, dass man es wirklich getrennt wahrnehmen kann. Die Wahrnehmung kann sich ganz darauf konzentrieren, wie komplex das Aroma ist und wie sich die kleinen sensorischen Punkte, wie die Reste der getrockneten und die frischen Kräuter, bemerkbar machen.

Gefüllte Tomaten

Allgemeine Überlegungen: Die **gefüllten Tomaten** sind seit Urzeiten ein Klassiker der Küche, die zuletzt allerdings weniger in der gehobenen Küche als eher im Bereich der Büfetts, und dort auch nicht unbedingt der moderneren, zu finden sind. Es ist dann irgendetwas in der Tomate drin (zum Beispiel ein Krabbensalat) und obenauf meist ein Klacks Mayonnaise, dekorativ aus einer Spritztülle aufgespritzt. Natürlich haben die verunstalteten Versionen nichts mit der wirklichen Substanz der Grundidee zu tun, und die ist nach wie vor nicht nur sinnvoll, sondern auch höchst anregend (wie später unter Nummer 16 zu sehen sein wird). Im Kern stehen aber klassische Füllungen wie die mit der berühmten Sauce Bolognese.

Alle Versionen basieren auf dem möglichst ausgeglichenen Akkord zwischen Tomatenfleisch und Füllung, und zwar nicht nur bezogen auf die reine Menge, sondern auch was die Garzeit angeht. „Garzeit" steht dabei für eine gegarte, warme Tomate, die aber noch so stabil ist, dass sie ihre Füllung halten kann und sich nicht auflöst.

Gefüllte Tomate mit Sauce Bolognese

Für 4 Personen

Sauce Bolognese

Zutaten: 2 EL Olivenöl
200 g Rinderhack
Pfeffer aus der Mühle
3 g Knoblauch, fein gehackt
15 g Schalottenwürfel
25 g Staudensellerie, klein gewürfelt
200 g Tomatenwürfel (ohne Stielansatz und Kerngehäuse)
1 Zweig Rosmarin (ca. 8 cm)
1 Blatt Salbei, grob gehackt
1 Lorbeerblatt, mittelgroß
2 geh. EL Tomatenmark
200 ml Kalbsfond
1 EL Thymianblättchen
1 EL Oreganoblättchen, fein gezupft

Zubereitung: In einem großen, flachen Topf das Olivenöl bei mittlerer Flamme erhitzen. Das Hackfleisch in kleinen Portionen dazugeben und sorgfältig anbraten, leicht pfeffern. Dann Knoblauch, Zwiebeln, Staudensellerie und Tomaten zugeben. Alles unter Rühren anbraten, bis die Tomatenwürfel beginnen, ihr Wasser abzugeben. Die Kräuter, 1 gehäuften EL Tomatenmark und den Fond hinzufügen und alles zusammen bei geschlossenem Deckel etwa 10 Minuten bei geringer Hitze köcheln lassen. Dann den Deckel abnehmen und so weit reduzieren, dass quasi keine Flüssigkeit mehr vorhanden ist. Dazu regelmäßig umrühren, um ein Ansetzen zu verhindern. Die fertige Sauce mit 1 gehäuften EL Tomatenmark, Thymian und Oregano verrühren.

Fertigstellung

Zutaten: 4 große, feste Tomaten
Parmesan, frisch gerieben
Paniermehl

Fertigstellung: Ofen auf 140 Grad vorheizen. Von den Tomaten einen Deckel abschneiden und anschließend mit einem kleinen Löffel vorsichtig aushöhlen. Die Tomaten dürfen nicht zu dünn ausgehöhlt werden, um die Außenhülle nicht zu beschädigen. Dann die Tomaten in eine flache Form geben (z.B. ovale Lasagneschale), mit der Sauce Bolognese füllen, den Tomatendeckel wieder aufsetzen und im Ofen 25 Minuten bei unveränderter Gradzahl erhitzen. Dann die Schale entnehmen und den Ofen auf höchste Stufe und Oberhitze stellen (250 Grad). Ein Rost oder Blech in die höchste Position schieben. Die Tomatendeckel zur Seite legen und die gefüllten Tomaten dicht mit Parmesan bestreuen. Zum Schluss etwa 1 TL Paniermehl pro Tomate über den Käse streuen und goldbraun überbacken.

Erläuterungen: *Die* ***Sauce Bolognese*** *existiert in einer unendlichen Vielzahl von Versionen. Die hier entwickelte ist eine Sauce, die den Grundelementen Fleisch und Tomate eine Reihe weiterer Aromen zur Seite stellt. Durch diese weiteren Aromen wird die Zubereitung der Sauce allerdings nicht unbedingt schwieriger, sondern nur etwas komplexer. Der Fond und die Kräuter sorgen für ein wesentlich erfrischenderes Bild, als es die oft mit sehr viel Käse überladenen Saucen in schwächeren italienischen Restaurants tun. Der Käse erscheint hier am Schluss und in einer Form, die die Sauce in der freien Entfaltung ihres Aromas nicht stört. Eine weitere Besonderheit gegenüber Standard-Formen ist der Staudensellerie, der eine interessante gemüsige Note in die Sauce bringt. Die Mengenangabe für den Knoblauch (3 g) sollte man dringend einhalten, wie überhaupt nie vergessen werden darf, dass leichtfertige* ***Ungenauigkeiten bei den Mengen*** *– wie sie in jeder Küche fast ununterbrochen vorkommen – nicht wirklich dem Fortschritt der Qualität einer Küchenleistung dienen. Man kann jederzeit etwas ändern, sollte das dann aber ebenfalls präzise festhalten und nicht immer wieder „spontan" gestalten. Falsche Proportionen sind ein wenig wie falsche Töne bei einem Instrument. Sie fallen uns bisweilen nur etwas weniger auf, weil wir noch nicht daran gewöhnt sind, auf so etwas zu achten …*

Das ***Anbraten des Fleisches*** *sollte immer bei eher mittlerer Hitze geschehen, weil es bei großer Hitze schnell anbrennt oder zu dunkel wird. Nachdem man das Hackfleisch in den Topf gegeben hat, wird es zunächst von Rot zu einem fahlen Braun wechseln. Dabei muss man beim Hackfleisch regelmäßig umrühren, um eine gleichmäßige Kolorierung zu erhalten. Das Anbraten ist beendet, wenn das Fleisch eine mittlere Bräunung angenommen hat. Interessant ist hier vielleicht die Funktion des Fonds, der im Verlauf der Garung völlig verkocht wird. Nach dem Anbraten des Fleisches und der Zugabe der anderen Zutaten sorgt er zunächst bei geschlossenem Deckel für eine Art aromatischen Kreislauf, damit sich alle Elemente gut vermischen. Wenn der Deckel entfernt wird, kann die Flüssigkeit verdampfen, und es bleibt nur das Aroma, das als Würze in das Fleisch und die anderen Zutaten übergegangen ist. Die Sauce Bolognese sollte am Ende nur noch minimal Flüssigkeit haben. Die späte Zugabe von Thymian und Oregano sorgt dafür, dass diese Kräuter aromatisch präsenter bleiben.*

Auch bei der ***Fertigstellung*** *kann man noch sehr viel Gutes erreichen. Zunächst gilt es, die Tomate so sorgfältig wie möglich auszuhöhlen, und zwar am besten so, dass sie überall die gleiche Wandstärke hat. Das sichert nicht nur Stabilität, sondern auch gleichmäßige Garung.*

Am besten fährt man mit dem Löffel entlang der inneren Grate der Tomate. Ein wichtiges Element ist auch die ***Ofentemperatur****. Mit 140 Grad liegt sie niedriger als die „Normaltemperatur" eines Ofens (in den Restaurant-Küchen sind Öfen in der Regel auf 180 Grad eingestellt). Diese etwas niedrigere Temperatur erleichtert die vorsichtige Garung der gefüllten Tomate. Die Zutaten Parmesan und* ***Paniermehl*** *scheinen völlig problemlos zu sein. Letztlich ist der Unterschied zwischen einem hervorragenden Parmesankäse, der frisch vom Stück gerieben ist, und einem industriellen Käse aus der Tüte gewaltig. Das Gleiche gilt sogar für das Paniermehl. Am besten ist ein selbst gemachtes, das man aus getrockneten Brötchen mit einer Reibe herstellen kann. Die geriebenen Brötchen werden anschließend durch ein normales Sieb passiert, wobei man mit einem Löffel die größeren Stückchen noch etwas zerdrücken kann. Geschmacklich zahlen sich beide Elemente erheblich aus. Das Gegenteil zu einem frischen Paniermehl ist übrigens ein industrielles, das man weit über seine Lagerzeit hinaus irgendwo in der Küche liegen hat. Das* ***Überbacken*** *am Schluss benötigt eine möglichst große Oberhitze. In einem normalen Backofen bedeutet das, einen Rost in die oberste Schiene schieben und den Ofen mit voller Leistung auf Oberhitze stellen. Dann wartet man ab, bis diese Hitze erreicht ist (falls eine Thermostat-Anzeige vorhanden ist, sonst etwa 4 bis 5 Minuten). Erst dann schiebt man den Behälter mit den Tomaten in den Ofen und beobachtet genau, wann der Käse zu schmelzen beginnt bzw. das Paniermehl braun wird. In unserem Falle dient das Überbacken ausschließlich dem Schmelzen des Käses, der Vermischung von Käse und Paniermehl und der abschließenden Krustenbildung. Der Vorgang dient nicht dem Garen der Tomate oder dem Erwärmen der Füllung. Insofern sollte er möglichst kurz sein.*

In diesem Zusammenhang bekommt natürlich die Garzeit für die Tomate eine gewisse Bedeutung. Ist die Tomate schon sehr stark gegart und weich, kann ihr das Überbacken „den Rest geben", und sie läuft Gefahr, sich aufzulösen. Will man alles ganz optimal machen, sollte man also darauf achten, dass die Tomate vor dem Übergaren noch ein klein wenig Hitze vertragen kann, also noch nicht ganz optimal gegart ist. Mit der Hitze vom Übergaren ist sie dann „auf den Punkt" gegart.

Gefüllte Tomate mit Ratatouille und Garnelen

Für 4 Personen

Allgemeine Überlegungen: Die Tomate mit dem berühmten südfranzösischen Ratatouille-Gemüse (Zucchini, Aubergine, Paprika, Tomate) und den Garnelen soll hier demonstrieren, welch interessante Aromenpalette mit einer gefüllten Tomate möglich ist. Wie immer wenn es speziell wird, sind dafür eine ganze Ansammlung von Kleinigkeiten verantwortlich und nicht unbedingt ein einzelnes, auffälliges Element. In diesem Falle ist das Ratatouille-Gemüse etwas anders aromatisiert als üblich, wobei vor allem das Bohnenkraut und der Balsamico für eine Veränderung sorgen. Zusätzlich sind die Garnelen in einer Court-Bouillon gegart, also auch etwas spezieller aromatisiert. Der Akkord, also der Zusammenklang der Aromen beim Essen, wird durch diese diversen kleinen Spezialitäten deutlich origineller.

Garnelen

Zutaten: 12 mittelgroße Garnelenschwänze, mit Schale, tiefgekühlt
Salz
1 Lorbeerblatt
1 Sternanis
8 weiße Pfefferkörner
5 Pimentkörner
1 Stängel Zitronengras

Zubereitung: Das Zitronengras in Ringe schneiden. In einem großen Topf Wasser aufkochen und salzen (etwa 16 g Salz pro Liter). Alle Kräuter und Gewürze hinzufügen und etwa 15 Minuten bei geringer Hitze köcheln lassen. Nochmals aufkochen, tiefgefrorene Garnelen direkt ins Wasser geben und sofort den Topf vom Kochfeld nehmen. 25 Minuten ziehen lassen. Die Garnelen schälen und warm halten.

Erläuterungen zur Zubereitung der Garnelen: *Da es in unseren Breitengraden selten jemals frische, rohe Garnelen gibt, werden bei diesem Rezept Tiefkühl-Garnelen eingesetzt. Diese Garnelen sind in der Regel mehr oder weniger vorgekocht (die bläulich-grauen weniger, die roten immer). Vom Hersteller werden auf den Packungen meistens Vorschläge zum Auftauen gemacht. Diese Vorschläge sind aus verschiedenen Gründen oft sinnlos. Das häufig empfohlene Auftauen bei Zimmertemperatur und im eigenen Wasser gilt als gesundheitlich bedenklich und ist schlecht für die Textur, weil die Garnelen danach meist wässrig und schon ziemlich instabil sind. Das Auftauen im Kühlschrank ist ebenfalls nur scheinbar eine bessere Lösung, bei der die Probleme mit der Textur nicht beseitigt werden. Die hier angewandte Technik, bei der die Garnelen direkt aus der Tiefkühlpackung ins kochenden Wasser gegeben werden, ist allem anderen bei weitem vorzuziehen und kann bei sorgfältiger Ausführung sehr erfreuliche Endergebnisse erzielen. Die Garnelen können gar nicht erst mit der Umwelt reagieren, sie werden leicht aromatisiert und können durch das längere Verweilen im Sud nicht austrocknen. Selbst schon sehr weit vorgegarte Garnelen gewinnen bei dieser Technik wieder an Zartheit hinzu. Auf die unterschiedlich vorgegarten Garnelen reagiert man bei dieser Technik so: Sind die Garnelen bereits vollständig oder weitgehend vorgegart, gibt man sie wie oben angeführt in das kochende Wasser und zieht den Topf sofort vom Herd. Sie können dann nicht mehr fester werden, als sie es ohnehin schon sind. Sind die Garnelen nur ganz leicht vorgegart oder roh (sie haben dann noch ihre ursprüngliche Farbe), wirft man sie in das kochende Wasser und lässt dies noch einmal ganz kurz aufkochen. In dem Moment, wo sich die ersten Blasen zeigen, wird der Topf sofort vom Herd genommen.*

Das ***Warmhalten*** *fertiger Zubereitungen folgt einem ganz klaren Prinzip. Die Produkte sollen so warm bleiben, dass man sie essen kann, aber nicht so warm lagern, dass sie weitergaren können. In diesem Falle ist für die Garnelen ausreichend, wenn man sie nach Fertigstellung aus der Schale auspackt und in Alufolie einwickelt, die wiederum in einen auf etwa 50 Grad vorgeheizten Ofen gelegt wird. Bei dieser Temperatur bleiben sie am besten erhalten und trocknen vor allem nicht aus (eigentlich: dampfen nicht aus, wie dies ungeschützt der normale Verlauf wäre). Beim „Auspacken" der Garnelen kann es sein, dass am Ende (das man glatt abschneiden kann) der schwarze Darm als Faden sichtbar wird. Man kann den Darm entfernen, indem man den Rücken ein wenig oder auch ganz mit einem spitzen Messer aufschneidet und ihn herauszieht.*

Ratatouille

ZUTATEN: 2 EL Olivenöl
1 Knoblauchzehe, fein gehackt
15 g Schalottenwürfel
50 g Auberginenwürfel
50 g Zucchiniwürfel
25 g Paprikawürfel, rot
25 g Paprikawürfel, grün
75 g kleine Tomatenwürfel (ohne Stielansatz und entkernt)
1 geh. TL provenzalische Kräuter, getrocknet
1 EL Balsamico, mittelalt
100 ml Gemüsefond
Pfeffermix
1½ EL frische Kräuter (Bohnenkraut, Majoran, Thymian), fein gehackt

ZUBEREITUNG: In einem kleinen Topf das Öl erhitzen. Knoblauch und Schalotten darin anschwitzen. Das Gemüse dazugeben und ebenfalls anschwitzen, bis es beginnt, sein Wasser abzugeben. Eventuell noch einmal etwas Öl hinzufügen. Getrocknete Kräuter dazugeben, Balsamico und Gemüsefond angießen und alles zusammen bei mittlerer Hitze reduzieren, bis kaum noch Flüssigkeit vorhanden ist. Dabei immer wieder umrühren. Mit dem Pfeffermix und den frischen Kräutern abschmecken.

Erläuterungen: *Es empfiehlt sich, das Ratatouille-Gemüse recht trocken zu machen, weil sonst die Mischung aus Ratatouille-Saft und dem beim Garen frei werdenden Tomatensaft die gefüllte Tomate zu feucht macht. Das bedeutet also nicht nur, dass die Flüssigkeit weitgehend verkochen muss, sondern auch, dass die Gemüsewürfel nicht so lange angeschwitzt werden, bis sie zu weich werden.*

▶▶

Fertigstellung

Zutaten: 4 große, feste Tomaten
Olivenöl

Fertigstellung: Ofen auf 140 Grad vorheizen. Von den Tomaten einen Deckel abschneiden und die Tomaten mit einem kleinen Löffel vorsichtig aushöhlen. Die Tomaten dürfen nicht zu dünn ausgehöhlt werden, um die Schale nicht zu beschädigen. Anschließend mit der Ratatouille füllen, den Tomatendeckel auflegen und in einer flachen Form (z. B. eine ovale Lasagneschale) für 25 Minuten im Ofen garen.

Anrichten: Jeweils eine Tomate mit 3 Garnelen servieren. Über alles etwas Olivenöl träufeln.

Sensorische Erläuterungen: Bei der gefüllten Tomate mit **Bolognese** ergibt sich eine enge Verbindung zwischen Tomate und Füllung, in der aber durchaus die einzelnen Elemente noch etwas Textur behalten haben. Aber – auch wenn diese Textur noch erhalten ist, wird sich wegen der geringen Größe der Stücke kein Moment ergeben, wo man sagen könnte, dass es sehr deutlich nach einem bestimmten Einzelaroma schmeckt. Die Zubereitung hat einfach einen Mischgeschmack, der aber in sich sehr komplex ist und immer wieder neue kleine aromatischen Blitze ermöglicht. Die Textur von der leicht krossen Kruste wird jeweils am Anfang wahrgenommen. Weil diese Kruste aber aus Parmesankäse besteht, wird sie erst durch das Kauen aromatisch aufgeschlossen und begleitet so das lang andauernde Aroma der Sauce Bolognese eine ganze Zeit lang. Deutlich anders ist die sensorische Struktur bei dem **Ratatouille-Gemüse** mit den Garnelen. Für das Gemüse und die Tomate gilt im Prinzip das Gleiche wie bei der Sauce Bolognese. Zusammen mit den Garnelen dominiert allerdings ganz eindeutig deren festere Textur. Wenn man auf eine Garnele beißt, hat man im ersten Moment noch keinerlei aromatischen, sondern nur einen texturellen Eindruck, der hier in der Regel irgendwo zwischen leicht elastisch und fest liegt (nur wirklich roh und ganz frisch gegarte Garnelen werden weicher). Erst durch das Kauen werden die Aromen aufgeschlossen. Das Ratatouille-Gemüse dagegen ist weich und warm und wird deshalb sofort aromatisch wahrgenommen. Nimmt man also eine Garnele mit etwas Gemüse, schmeckt man das Gemüse sofort und nimmt es als leicht schmelzend im Vergleich zu der Garnele wahr. Nach einigen Sekunden entwickelt sich dann das Garnelen-Aroma, und es kommt – je nach Menge des Gemüses – entweder zu einem interessanten Mischgeschmack Garnele-Ratatouille-Gemüse oder – bei geringer Dosierung – zu einem Garnelengeschmack, der nur ganz leicht im Hintergrund von den Gemüse-Aromen begleitet wird. Ist die Tomate sehr weich, wird sie als Erstes wahrgenommen, und zwar als ein schmelzendes Element. Für die Qualität des Essens einer solchen Kreation ist eine sinnvolle Proportionierung der Elemente also durchaus interessant.

Variationsmöglichkeiten: Die Füllung der Tomate kann sehr unterschiedlich gestaltet werden. Für Leute, die sich eine größere Arbeit zutrauen, wäre es vielleicht interessant, einmal vier oder fünf Füllungen vorzubereiten und damit Kirschtomaten zu füllen und per Deckel zu verschließen. Das wäre dann so etwas wie die Variation einer Wundertüte. Vorschläge dazu: nur mit Fleisch, mit klein gehackter Garnele, mit einer Mischung aus Obst und Gemüse oder nur Obst, mit zusätzlichen krossen Elementen wie Nüssen oder krossen Croûtons, mit einem durch viel Zitrone angesäuerten Tomatenkompott usw. usf.

Tomatenragout im Schmortopf

Allgemeine Überlegungen: Die Schmorgerichte haben immer ein sehr diffuses Image. Einerseits entsteht der Eindruck, man könne „alles irgendwie zusammenwerfen“ und am Ende käme schon etwas Essbares dabei heraus. Andererseits gelten bis hinein in die Spitzenküche gut geschmorte Fleischstücke als ein wichtiges Qualitätsmerkmal für die Fähigkeiten eines Kochs im klassischen Fach. Wie üblich ist an beiden Versionen etwas dran, und wie üblich braucht man für ein gutes Schmorgericht allerlei Kenntnisse, vor allem von den Produkten und ihren Garzeiten. Technisch gesehen haben wir es beim **Schmoren** mit einer besonders ausgeprägten Form der Vermischung von Aromen in einem geschlossenen System zu tun (siehe auch unter „Mijotage“, Nummer 5). Die wichtigsten Punkte dabei sind: die Proportionen der Aromen, die so gestaltet sein müssen, dass sich durch die gegenseitige Aromatisierung ein harmonischer Gesamteindruck ergibt, und die Garzeiten, die so aufeinander abgestimmt sein sollten, dass nicht das eine Element auf den Punkt gegart ist, wenn ein anderes schon völlig verkocht ist. Für ein gelungenes Schmorgericht ist vor allem der zweite Punkt schwierig. Man kann natürlich hingehen und zum Beispiel ein Stück Rindfleisch mit verschiedenen **Wurzelgemüsen** schmoren (zum Beispiel Möhren, Sellerie, Zwiebeln) und diese Gemüse nur dazu benutzen, das Fleisch zu aromatisieren. Dann wäre es sozusagen egal, wenn sich die Karotten mit der Zeit mehr oder weniger auflösen und Teil der Sauce werden. Deutlich anspruchsvoller ist aber ein Schmorgericht, das alle Elemente in einen klar definierten Zustand versetzt. Das soll hier mit dem Tomatenragout aus dem Schmortopf geschehen.

Wichtigstes Problem ist dabei das richtige Hantieren mit den Garzeiten. Dazu muss hier ein festeres Element (die Kartoffeln) vorgegart werden, und weichere Elemente dürfen erst später und in bestimmten Abständen dazugegeben werden. Am Ende steht – auch das ist keine Seltenheit in der Kochkunst – ein Gericht, das sehr natürlich wirkt, aber allerlei Arbeit mit sich gebracht hat. ▶▶

Es ist dringend dazu zu raten, sich einmal ganz konsequent mit einem solchen Gericht zu beschäftigen, weil schon mit einem einzigen konsequenten Versuch sehr viel über das Schmoren zu erfahren ist.
Ideale Voraussetzung bei den Geräten ist ein gusseiserner Schmortopf mit Deckel, weil das Material die Hitze besonders gut hält. Eine Alternative sind ovale Bräter aus Ton (wie die Elsässer „Baeckeoffa-Form") oder auch aus Emaille. Im Prinzip ist das Schmoren natürlich auch in einem normalen Topf möglich, wobei in diesem Falle der Topf besser eine große Grundfläche haben sollte, damit die Materialien nicht zu sehr übereinander liegen.

Erläuterungen Vorbereitung: *Die Vorgarung der Kartoffeln (siehe dazu auch Produktliste) ist notwendig, weil die anderen Elemente in diesem Schmortopf wesentlich kürzere Garzeiten haben. Will man also die Tomaten in mehreren Garzuständen im Topf haben, also von noch recht fest bis geschmolzen, müssen die Kartoffeln schon ziemlich weit gegart sein, weil sich ansonsten parallel garende Tomaten völlig auflösen würden. Der* ***Gartest für die Kartoffeln*** *ist ein klassisches Mittel, an das man sich sehr schnell gewöhnt. Gar sind die Kartoffeln, wenn man sie mit der Spitze eines Küchenmessers nicht mehr anheben kann. Das ist natürlich auch bei einer übergarten Kartoffel der Fall. Gemeint ist also exakt der Zeitpunkt, ab dem das nicht mehr möglich ist. Das* ***Abschrecken der Kartoffeln*** *unter kaltem Wasser gilt dem Stopp des Weitergarens, das auch außerhalb des Topfes noch stattfindet. Die Hitze, die beim Garen von außen nach innen in die Kartoffel vordringt, würde ansonsten noch etwas weiter vordringen und die Kartoffel weiter garen, als es erwünscht ist. Das Problem des* ***Weitergarens*** *spielt übrigens vor allem beim Fleisch eine große Rolle. Dort macht man es sich sogar oft eigens zu Nutzen, um die Garung der Fleischstücke abseits vom Herd schonend zu beenden und eine bessere Verteilung der Fleischsäfte kurz vor dem Servieren zu erreichen (das Fleisch wirkt dadurch wieder zarter).*
Der ***Salzgehalt von Garwasser*** *wird leider so gut wie nie angegeben. Die hier angegebenen 16 Gramm Salz pro Liter Wasser (am besten grobes Meersalz) sind ein Maß, das von dem hervorragenden französischen Küchentechniker Joël Robuchon verbreitet wurde. Es mag auf den ersten Blick viel erscheinen, ist aber speziell für die Kartoffelgarung sehr gut und wichtig.*
Richtiges Salzen – wie auch jede andere Form des Würzens – sollte wesentlich genauer erfolgen, als das zum Beispiel oft im Fernsehen zu sehen ist, wo Köche immer sehr schwungvoll Salz und Pfeffer über ihre Gerichte streuen. Das ist schlicht und einfach völliger Unsinn.

Tomatenragout aus dem Schmortopf

Für 2 Personen oder 4 kleine Beilagen

Vorbereitung

ZUTATEN: 330 g kleine La-Ratte-Kartoffeln (oder Charlotte- oder andere Frühkartoffeln)
grobes Meersalz (16 g pro l Wasser)

ZUBEREITUNG: Die Kartoffeln gründlich waschen und nur von etwaigen dunklen Stellen etc. befreien, nicht schälen. In reichlich gesalzenem Wasser garen, bis die Spitze eines Küchenmessers ohne weiteres in die Kartoffel eindringt, die Kartoffel aber damit noch angehoben werden kann. Unter kaltem Wasser abschrecken und bereithalten.

Fertigstellung

ZUTATEN: 20 g Butter
1 EL Olivenöl
18 g Knoblauch
90 g Schalotten
16 schwarze Oliven, ohne Stein
3 Zweige Thymian
2 Zweige Rosmarin à 12 cm
2 Stängel Lavendel à 5 cm
250 g Tomaten
16 feste Kirschtomaten
3 EL Kalbsfond
Fleur de Sel
1 EL gemischte Kräuter, fein gehackt

ZUBEREITUNG: Ofen auf 150 Grad vorheizen. Den Knoblauch schälen und halbieren, eventuell den grünen Keim entfernen. Schalotten ebenfalls schälen und in 2–3 cm große Stücke schneiden. Im Topf bei mittlerer Hitze Butter und Olivenöl erhitzen. Die vorgegarten Kartoffeln, den Knoblauch und die Schalotten dazugeben. Unter vorsichtigem Rühren die Kartoffeln ganz leicht kolorieren. Oliven und Kräuter zugeben, dann mit Deckel in den Ofen stellen. In der Zwischenzeit die Tomaten vierteln, den Stielansatz entfernen und entkernen. Nach 10 Minuten die Tomatenspalten hinzufügen und gut zwischen den Kartoffeln verteilen. Nach weiteren 20 Minuten 8 Kirschtomaten und 3 EL Kalbsfond dazugeben. Nach abermals 10 Minuten die anderen 8 Kirschtomaten vorsichtig dazulegen und alles nochmals 5 Minuten im Ofen lassen.

ANRICHTEN: Zum Servieren das Tomaten-Ragout gleichmäßig auf den Tellern verteilen. Auf jede Kartoffel einige Körner Fleur de Sel streuen und etwas gehackte Kräuter über alles geben.

▶▶

Erläuterungen zu Fertigstellung und Sensorik des Tomatenragouts aus dem Schmortopf: Die gleichzeitige Verwendung von **Butter und Olivenöl** hat zweierlei Gründe. Einmal entsteht dabei ein interessantes Aroma, weil sich Olivenöl und Butter durchaus vertragen und ergänzen (Beispiel: ein Kartoffelpüree, das mit Olivenöl und Butter zubereitet wird). Zum anderen ist die Butter gegen hohe Temperaturen empfindlicher als das Olivenöl. Eine Kombination von Butter und Olivenöl erlaubt also ein stärkeres Erhitzen als Butter allein. Knoblauch und Schalotten haben die Aufgabe, den Kartoffeln ein zusätzliches Aroma zu geben. Sie werden nicht zuerst gegart (wie das oft der Fall ist), sondern mit den Kartoffeln zusammen, damit diese Zeit bekommen, etwas Farbe anzunehmen. Im Verlauf der Garung ist es durchaus möglich und erwünscht, dass die Kartoffeln leicht austrocknen und die Haut leicht wellig wird. Was nun folgt, ist der gestaffelte Aufbau des Schmorgerichtes, der wegen der relativ weichen Tomaten hier ziemlich zügig abläuft und nicht mit den langen Garzeiten für Schmorgerichte unter Verwendung größerer Fleischteile zu vergleichen ist. Die ersten Tomatenspalten werden im Verlauf der Garung einerseits weich werden, andererseits aber auch sehr viel Aroma von der Umgebung annehmen. Die erste Partie Kirschtomaten wird sich teilweise auflösen, aber im Wesentlichen ihren Produktgeschmack behalten. Die Zugabe des Kalbsfonds zu diesem Zeitpunkt dient der Veredelung der sich bildenden Sauce (in diesem Falle wäre die Bezeichnung „Jus" besser). Eine frühere Gabe des Kalbsfonds hätte eventuell den Prozess der Kolorierung der Kartoffeln behindert, weil dann zu viel Flüssigkeit im Topf gewesen wäre. Die letzte Gabe von Kirschtomaten soll diese nur noch erwärmen, aber weder ihre Haut wellig werden lassen, noch sie zum Platzen bringen. Das ist eher für den Mund vorgesehen: **Im Mund platzende, warme Kirschtomaten** sind ein ganz spezieller Effekt, der bei unseren Beispielen auch später noch einmal Verwendung finden wird. Wenn man die Kirschtomaten nur erhitzt (zum Beispiel in Wasser von etwa 60 Grad), bleiben sie intakt. Wenn man sie dann komplett in den Mund nimmt und mit der Zunge zerdrückt, „platzen" sie regelrecht und überschwemmen den Mund mit einem erstaunlich intensiv schmeckenden Tomatenaroma. Dieser sensorische Effekt ist ein natürlicher Effekt, der in seiner Wirkung modernste Techniken wie beim spanischen Avantgardisten Ferran Adrià vorwegnimmt (zum Beispiel die **„sphärischen Ravioli"**, Flüssigkeiten, die in einem Kalziumchloridbad eine sehr instabile äußere Hülle bekommen, die im Mund eben einen solchen platzenden Effekt verursacht).

Für das Anrichten des Tomatenragouts aus dem Schmortopf ist die Verwendung der gehackten Kräuter ein schon probates Mittel, mit dem kleine Aromenblitze von den frischen Kräutern installiert werden. Die späte Gabe von **Fleur de Sel** (siehe Produktliste) ist ein äußerst wichtiges und effektives Würzmittel. Wenn man früh salzt, sorgt das Salz für einen eher neutralen Salzhintergrund, der verschiedene Risiken birgt. Eine Überdosierung kann kaum noch rückgängig gemacht werden und zudem das Eigenaroma des gesalzenen Produktes stark überlagern. Mit dem späten Salzen unter Einsatz der recht großen Körner von Fleur de Sel (oder auch zum Beispiel „Maldon Sea Salt") bekommt man die Sache einerseits präzise in den Griff – wozu manchmal nur wenige Körner notwendig sind. Andererseits ergibt sich eine ganz spezielle Würze, bei der man das Salz präzise schmeckt und einen echten Zusammenhang zwischen Produkt und Salz erlebt. Dieser Effekt stellt sich selbst bei einzelnen Tomatenscheiben ein, die man mit etwas Fleur de Sel bestreut, oder bei einer ungesalzenen Butter, der man ebenfalls erst im letzten Moment einige Salzkörnern hinzufügt (zum Beispiel auf einem Stück Landbrot). Die körnige Textur sorgt dabei übrigens für einen erstaunlich erfreulichen Kross-Effekt, präzise Dosierung (also wenige Körner) vorausgesetzt.

Sensorisch gesehen haben wir nun in diesem Ragout eine ziemliche Vielfalt beisammen, die uns von schmelzenden Texturen (Tomatenspalten) über eine leichte Festigkeit (Kartoffeln) bis zu unterschiedlichen Zuständen von Frische eine Menge bietet und damit unsere Sinne sehr komplex anspricht. Aromatisch hat sich durch die Staffelung bei der Garung und die Auswahl und Abstimmung der Aromen ein sehr natürliches und komplexes Bild ergeben, das nur auf diese Weise zustande kommen kann.

Trocknen, getrocknete Verwendungen, Frittieren

ALLGEMEINE ERLÄUTERUNGEN: Noch vor einigen Jahren wäre ein solches Kapitel kaum vorstellbar gewesen. Man hat den Tomaten zwar auch in früheren Zeiten schon viel zugemutet und nicht immer eine puristische Küche bevorzugt, aber Dinge wie eine getrocknete Tomatenhaut spielten höchst selten eine Rolle. In der modernen Küche ist gerade die Arbeit an einer Variation der **Aggregatzustände** (also die Überführung des ursprünglichen Produktes in eine andere Form oder Textur, von Schäumen über Gelees bis zu krossen bzw. getrockneten Zuständen) sehr häufig zu finden. Der Grund dafür liegt in der Erkenntnis, dass die Verwendung unterschiedlicher Aggregatzustände bei der Gestaltung von Gerichten für die Sensorik eines Gerichtes sehr interessant sein kann. Es ist eben ein Unterschied, ob man eine Schüssel Pudding isst, bei der vom ersten bis zum letzten Löffel alles die gleiche Textur hat und gleich schmeckt, oder ob man ein vielfältiges Gericht vor sich hat, in dem verschiedene Produkte in verschiedenen Aggregatzuständen oder in Temperaturvariationen zu finden sind. Die Sinne des Menschen sind auch beim Essen für die vielfältigsten Wahrnehmungen geschaffen, und wenn unsere Sinne etwas „zu tun haben", empfinden wir das in der Regel als interessant.

Bei der Tomate gab es schon immer im mediterranen Raum die getrockneten Tomatenspalten, die dort meist in der Sonne getrocknet werden und die eine Art Tomatenkonzentrat sind, das zum Gebrauch wieder mit etwas Feuchtigkeit in Kontakt gebracht (zum Beispiel in einer Sauce) und so besser essbar wird. Das typische, etwas herbe Aroma der getrockneten Tomate bleibt dabei vollständig erhalten.

Die folgenden Beispiele beginnen mit einem anderen Klassiker, den getrockneten Tomatenscheiben, und gehen dann zu etwas spezielleren Formen über.

Getrocknete Tomatenscheiben

Für 2 Personen

ZUTATEN: 1 Tomate, fest

ZUBEREITUNG: Den Ofen auf 60 Grad vorheizen. Von der Tomate den Stielansatz entfernen und dann in möglichst gleichmäßige, dünne Scheiben schneiden. Auf ein Stück Backpapier auf einen Rost legen und in einigen Stunden (die Dauer richtet sich nach der Stärke der Tomatenscheiben) langsam trocknen. Die Tomatenscheiben können entweder kross, so dass sie ohne weiteres zerbrochen werden können, oder etwas elastischer, so dass sie nur mit Mühe von Hand zerbrochen und einige Zeit gekaut werden müssen, getrocknet werden.

Erläuterungen zu den getrockneten Tomatenscheiben: *Sinn und Zweck der langsamen Trocknung ist das möglichst schonende Austrocknen der Tomatenscheiben. „Schonend" bedeutet dabei, dass möglichst wenig von dem Tomatenaroma verschwindet (wie es bei einer höheren Temperatur leicht der Fall sein kann, weil dann mit dem aggressiven Verdampfen auch Aromenstoffe verloren gehen), nichts anbrennt und schließlich auch die Scheiben eine einigermaßen identifizierbare Form behalten. Das Backpapier ist notwendig, weil die Scheiben auf einem normalen Rost schnell durchhängen und festkleben. Auch auf dem Backpapier setzen die Tomatenscheiben im Verlauf des Trocknungsprozesses an, lassen sich aber nach Abschluss (und nicht vorher!) des Trocknens gut davon lösen. Bei extrem gutem Sommerwetter sollte man einmal das probieren, was die Italiener bisweilen machen: die Scheiben in der Sonne trocknen. Wegen der hohen Konzentration des Aromas durch Trocknung ist übrigens kein Salzen (wie bei der Ofentomate, siehe Nummer 4) nötig.*

Sensorische Erläuterungen: Die erwähnten zwei Zustände der getrockneten Tomate korrespondieren mit völlig unterschiedlichen kulinarischen Verwendungen. Die kross getrocknete Tomate wird als Kross-Effekt eingesetzt, der zum Beispiel mit anderen weicheren Gemüsen wie Zucchini oder allgemein etwas weicheren Elementen vor allem kontrastierend eingesetzt wird. Er dominiert eine kurze Zeit den Mundraum, sollte also nur mit Elementen kombiniert werden, die nachhaltig genug wirken, um diesen Kross-Effekt im Mund zu überdauern. Das können kleine Elemente wie Kräuter oder Salatstücke sein. Ein Nachteil der kross **getrockneten Tomatenscheiben** ist, dass sie je nach Tomatenqualität durch die starke Reduktion herb bis bitter werden können.
Die noch etwas elastischere Tomatenscheibe hat eine völlig andere Funktion. Man muss etwas länger kauen und setzt dadurch ganz klar das typische Aroma der getrockneten Tomate frei. Diese Variante ist also sehr nachhaltig und verträgt zum Beispiel einen Einsatz mit ebenfalls nachhaltigen Elementen (etwa Fleisch) sehr gut, aber auch den Einsatz als eine Art textureller Mittelpunkt, bei dem man am längsten auf der getrockneten Tomate kaut, während andere Elemente dazu schneller wegschmelzen. In dem Beispiel in der großen Tomatenvariation (siehe unter Nummer 19) ist dies im Zusammenhang mit Ziegenfrischkäse der Fall. Bei Verwendung der krossen Tomatenscheibe wird das Aroma des Frischkäses wesentlich deutlicher hervortreten als bei der Verwendung einer noch etwas elastischeren Tomatenscheibe, weil nach dem kurzen und heftigen Kross-Effekt der Käse noch eine gute Zeit zur Entfaltung seines Aromas bekommt.
Eine solche differenzierte sensorische Mechanik ist typisch für die Verwendung unterschiedlich krosser Elemente.

Getrocknete Tomatenhaut

Für 2 Personen

Allgemeine Erläuterung: Bis auf den heutigen Tag gilt das **Enthäuten von Tomaten** immer noch als einer der wichtigsten Hobbykoch-Tricks, weil sich dort immer noch nicht herumgesprochen hat, wie wichtig die Haut für das Aroma ist. In fast allen Fällen, in denen die Haut abgezogen und weggeworfen wird, kann man diese genauso gut mitessen oder – bei Saucen zum Beispiel – ohne Probleme später abpassieren. Im Fall der getrockneten Tomatenhaut geht es aber um einen ganz speziellen Aggregatzustand: nämlich die hauchfeine, raschelnd-krosse Tomatenhaut.

Zutaten: 1 Tomate, fest

Zubereitung: Den Ofen auf 90 Grad vorheizen. Tomate unten kreuzweise leicht einschneiden. Mit kochendem Wasser 15 bis 20 Sekunden überbrühen. Mit kaltem Wasser abschrecken, dann die Haut vorsichtig in möglichst großen Stücken abziehen und flach auf einem Gitter ausbreiten. In etwa 10 bis 15 Minuten im Ofen trocknen. Die fertig getrocknete Haut fühlt sich wie hauchdünnes Papier an.

Erläuterungen zur getrockneten Tomatenhaut: *Die Technik des Enthäutens ist überraschend einfach und funktioniert bei ausreichender Hitzezufuhr sehr gut. Etwas schwieriger ist es allerdings, möglichst große, zusammenhängende Stücke Haut abzuziehen, die dann beim Trocknen wesentlich dekorativer aussehen. Wichtig ist es, die Verweildauer im kochenden Wasser nicht zu überschreiten, weil dann die Haut vielleicht sehr gut abgeht, aber auch die Tomate schon stark gegarte, also weiche Stellen haben kann. Das* ***Abschrecken in kaltem Wasser*** *(bei den Profis benutzt man dafür Eiswasser, also kaltes Wasser, das mit Eiswürfeln weiter abgekühlt wird) dient dem Unterbrechen der Garung, die sich ja auch dann in einem Produkt fortsetzt, wenn der eigentliche Kontakt zum garenden Medium unterbrochen ist.*
Das Auslegen der Haut auf einem möglichst engmaschigen Gitter ist und bleibt ein klein wenig problematisch, weil die Haut eine Neigung zum Aufrollen hat und etwas klebrig ist. Andererseits ist ein normaler Gitterrost mit seinen kreisförmig angeordneten Ringen nicht optimal, weil die Tomatenhaut darauf leicht durchhängt. Ganz ideal ist auch ein Backpapier nicht, weil die Haut darauf zwar gut und flach abtrocknet, aber auch festkleben und nur noch im Glücksfall ohne Verluste abgelöst werden kann. Die getrocknete Haut hält sich je nach Luftfeuchtigkeit einige Tage und kann unter Umständen auch nochmals kurz nachgetrocknet werden.

Sensorische Erläuterungen: Die Tomatenhaut wird raschelnd kross, fast wie Seidenpapier. Sie hat – vor allem im Zusammenhang mit anderen Produkten – in getrockneter Form wenig Aroma und ist also quasi ein reines Kross-Element. Ihr Einsatz als hochfeines krosses Element empfiehlt sich überall da, wo feine Arbeit notwendig ist, zum Beispiel bei Fischfilets, feinsten Terrinen, Schäumen, als kleines krosses Element auf einer Mousse etc. Feine Elemente wie die Tomatenhaut werden vor allem bei sehr sensiblen Spitzenköchen eingesetzt, deren Kreationen insgesamt aus sehr feinen Elementen bestehen. Natürlich kann die Tomatenhaut auch als spektakuläres dekoratives Element eingesetzt werden. Um den optischen Effekt zu verstärken, kann man versuchen, große Teile der Haut komplett abzuziehen. Dazu zieht man die Streifen nicht ganz ab, sondern lässt sie am Ende der Tomate zusammenhängen. Mit etwas Geschick kann man sie dann insgesamt von diesem letzten Stück ablösen und über einem Tassenrand o.ä. so trocknen, dass sich ein spektakuläres Gebilde ergibt.

Frittierte Kirschtomaten

Allgemeine Erläuterungen: Frittieren nennt man das Ausbacken in heißem Fett oder Öl. Der Begriff bezieht sich also nicht allein auf die beliebten Pommes frites, sondern wird in der Küche auch allgemeiner eingesetzt. Weil das Wort so sehr mit den Pommes frites verbunden wird, benutzen die besseren Restaurants meist das Wort „ausbacken". Frittiert wird normalerweise in einer Fritteuse, wie sie in vielen Varianten im Handel erhältlich ist. Die Fritteusen haben den großen Vorteil, dass sie thermostatgesteuert sind und so exakt gearbeitet werden kann. Im Prinzip ist es aber auch möglich, für kleinere Mengen in einem kleinen Topf Öl zu erhitzen und darin das Material auszubacken. Mit etwas Routine gelingt dieser Vorgang auch ohne Thermostat-Steuerung.

Die frittierten Kirschtomaten haben einen ganz speziellen Effekt, der eine krosse Textur von der Panade mit der „explodierenden" Kirschtomate (siehe unter Nummer 12) vereinigt. Dazu ist allerdings ein kleiner Trick notwendig. Da an der glatten Haut der Kirschtomate die Panade nicht so gut hängen bleibt, ist es notwendig, die Kirschtomate vorher zu enthäuten (was in diesem Falle kein aromatisches Problem ist: es geht mehr um den speziellen sensorischen Effekt mit der Kirschtomate). Danach funktioniert alles ganz normal wie bei jeder anderen Panade auch.

Frittierte Kirschtomaten

Für 4 Personen

Zutaten: 8 Kirschtomaten, klein
Mehl
Ei
Semmelbrösel (am besten aus einem getrockneten Brötchen)

Zubereitung: Die Kirschtomaten enthäuten wie bei „Getrocknete Tomatenhaut" (s. Seite 61). Dann auf einem Tuch vorsichtig, aber sorgfältig abtrocknen, indem man sie etwas hin und her rollt. Drei Schüsselchen vorbereiten mit jeweils Mehl, sorgfältig zu einer homogenen Flüssigkeit verquirltem Ei und eines für Semmelbrösel. Die Kirschtomaten vorsichtig im Mehl wenden, durch das Ei ziehen und sorgfältig mit den Bröseln bedecken. Vorsichtig ganz leicht andrücken. In einer auf 180 Grad vorgeheizten Fritteuse in etwa 30 Sekunden goldbraun frittieren. Auf Küchentuch abtropfen lassen, warm servieren.

Erläuterungen zu den frittierten Kirschtomaten:
Der Erfolg einer ***Panade*** *rührt – neben der Qualität des Paniermehls – vor allem von einer gleichmäßigen, nicht zu dicken Panade-Schicht ab. Dazu müssen alle drei Arbeitsgänge sorgfältig ausgeführt und am besten sauber voneinander getrennt werden. Zuerst wird die Mehlschicht gleichmäßig dick aufgetragen. Das überflüssige Mehl wird abgeklopft oder – in diesem Falle – durch Rollen auf einem Küchentuch egalisiert. Für die Ei-Schicht ist es vor allem notwendig, das Ei so sorgfältig zu verquirlen, dass es zu einer homogenen Flüssigkeit wird. Bei kleinen Mengen wie hier empfiehlt sich dazu der Einsatz einer Gabel, mit der man das Ei aufschlägt und immer wieder durch Hochziehen der Gabel mit der Flüssigkeit feststellen kann, ob sie schon homogen genug ist. Ist die Kirschtomate mit dem Ei überzogen, kommt sie direkt in die Schüssel mit Paniermehl. Ist sie rundum mit Paniermehl überzogen, wird dieses gleichmäßig angedrückt und eventuelle Ungleichmäßigkeiten beseitigt. So vorbereitet, ist das eigentliche Frittieren eine sichere Sache. Die Farbbezeichnung „goldbraun" meint vor allem das Fehlen jeglicher dunkler, angebrannter Stellen, die das Aroma deutlich beeinträchtigen können. „Goldbraun" ist nicht mehr gelb, sondern das erste braune Stadium.*

Sensorische Erläuterungen: Die frittierte Kirschtomate ist immer ein Spezialeffekt, der auch als solcher eingesetzt wird und unter Umständen auch erklärt werden sollte. Die Wirkung kann so deutlich sein, dass man den Mund geschlossen haben sollte, weil sonst eventuell etwas Tomatensaft herausspritzt …
Die Kirschtomate muss warm serviert werden, damit der Effekt mit ihrem Inneren voll wirksam wird. Nach der „Explosion" kaut man – sensorisch ebenfalls speziell – mit der Panade im Vordergrund und der teilweise schmelzenden Kirschtomate im Hintergrund.
Die frittierte Kirschtomate eignet sich als Beilage zu allen Gerichten, in denen auch sonst Tomaten Verwendung finden können. Innerhalb eines Gerichtes sollte sie so gegessen werden, dass man den Tomaten-Nachhall benutzen kann, um zum Beispiel den Akkord mit einem anderen Element auszuprobieren. Wer ein Stück Lamm mit einer normalen dunklen Sauce gegessen hat, dann die frittierte Kirschtomate isst und anschließend abermals ein Stück Lamm, wird eine völlig andere Interpretation des Lammfleisches feststellen.

Tomatenbrot

Allgemeine Erläuterungen: Ein Tomatenbrot ist im Prinzip nichts Ungewöhnliches und kommt häufig vor, zum Beispiel bei den verschiedenen Brotsorten, die in guten Restaurants gereicht werden. Das hier vorgestellte Brot ist allerdings in einer anderen, sehr modernen Funktion gedacht, nämlich als ganz normaler Bestandteil eines Gerichtes. Die Funktion, die es dabei haben kann, wird weiter unten bei den sensorischen Erläuterungen dargestellt.

Tomatenbrot

Für 10 Personen

Ansatz

Zutaten: 40 ml Milch
100 g Mehl
20 g Hefe
1 Prise Zucker

Zubereitung: Die Milch erhitzen, aber nicht kochen. Mehl in eine Rührschüssel geben, in die Mitte eine Vertiefung machen und die Hefe hineinbröseln. Heiße Milch darauf gießen und eine Prise Zucker dazugeben, Schüssel mit einem Tuch abdecken und die Hefe an einem warmen Platz (z. B. auf einer Heizung) aufgehen lassen.

Erläuterungen: *(Zur Qualität der Zutaten: siehe Produktliste). Die* ***Hefe*** *sollte nach Möglichkeit immer sehr frisch sein, weil ältere Hefe wesentlich schwächer aufgeht und der Teig dann zu dicht wird.*
Die gärende Hefe sorgt für Lufteinschlüsse und damit sozusagen für ein geringeres spezifisches Gewicht. Die notwendige Gärzeit ist bei einer warmen Umgebung nicht sehr lang, sie liegt bei etwa 15 Minuten. Wenn deutlich zu erkennen ist, dass der Gärprozess begonnen hat, kann weitergearbeitet werden.

Fertigstellung

ZUTATEN: 1 Kastenform, ca. 500 ml Volumen (notfalls auch jede andere Form)
1 Ei
2 EL Olivenöl
4 EL Milch
200 g Mehl
5 geh. TL Creme von getrockneten Tomaten (s. Seite 104)
etwas provenzalische Kräuter, getrocknet

FERTIGSTELLUNG: Den aufgegangenen Hefeteig sorgfältig mit Ei, Olivenöl und Milch vermischen. Dann das Mehl einarbeiten und gut durchkneten. In den fertigen Teig die Tomatencreme und die Kräuter sorgfältig einarbeiten, so dass die Zutaten möglichst gleichmäßig verteilt sind. Den Teig in die Form geben und nochmals etwa 10 Minuten an einem warmen Ort mit einem Tuch bedeckt gehen lassen. Im Ofen bei 200 Grad Umluft ca. 20 Minuten backen. Der Teig ist fertig, wenn an einem in den Teig gesteckten Holzstäbchen keine Teigspuren mehr zu erkennen sind.
Tomatenbrot aus der Form lösen und auf einem Rost 10 Minuten etwas auskühlen lassen.
In Scheiben servieren.

Erläuterungen: *Als Olivenöl sollte man hier eine milde, nicht sehr aromenstarke Sorte einsetzen, weil sonst der Anteil des Olivenaromas zu deutlich wird. Das Einarbeiten der Tomatencreme kann einige Minuten dauern. Der Teig muss völlig gleichmäßig von der Creme durchsetzt sein, weil er nur so zuverlässig im Zusammenhang mit einem Gericht wirken kann. Beim zweiten Gehen des Teiges soll eine Volumenvergrößerung von etwa 75 % erreicht werden. Der Ofen wird in diesem Falle nicht vorgeheizt, weil sich sonst eine zu starke Kruste bilden würde.*

Sensorische Erläuterungen: Das Tomatenbrot mit seiner durch die Olivenölzugabe leicht mürben Textur ist ein Brot, das sich ganz besonders zum kulinarischen Einsatz im engeren Sinne eignet. Damit ist hier nicht die Verwendung als Sandwich oder Ähnliches gemeint, sondern als Scheibe auf dem Teller eines ganz normalen Gerichtes. Das Brot liefert im Zusammenhang mit Fleisch, Fisch und Gemüse eine ganz eigenwillige Textur, die man sich auch bei „normalem“ Essen zunutze machen sollte. Das Tomatenbrot hat überdies weitere Vorteile im texturellen Sektor (keine störend harte Kruste) und im aromatischen Sektor, weil das Grundaroma des Teiges und die Creme von getrockneten Tomaten eine gewisse Ähnlichkeit haben („getreidig“). Es ist herzhaft und hat eine eigene aromatische Position auf dem Teller. Mit jedem Brot teilt es natürlich auch die Fähigkeit, Sauce aufzunehmen. Die sensorische Wirkung des Tomatenbrotes ist am interessantesten mit einem Lammrücken oder mit Lammkoteletts. Der deutsche Spitzenkoch Heinz Winkler von der „Residenz“ in Aschau am Chiemsee hat übrigens ein „Lamm im Brotteig“ unter seinen Kreationen, bei denen das Lammfleisch in einen Brotteig eingepackt wird. Auch dort ist die Wirkung von warmem Fleisch zu Brot ganz auffallend gut.

VARIATIONSMÖGLICHKEITEN: Das Tomatenbrot kann sehr vielfältig eingesetzt und durchaus auch über den optimalen Einsatz hinaus (siehe oben) als Grundlage für sehr spezielle Sandwiches oder kleine Vorspeisenarrangements genommen werden. Dabei sind gute Wirkungen möglich, wie zum Beispiel ein kleines Türmchen aus einem kleinen Quadrat Tomatenbrot, einem Ricotta-Raviolo, einer Olive und etwas Basilikum – alles zusammengehalten von einem Holzstäbchen. Als Grundzutat sollte die Tomatencreme erhalten bleiben. Darüber hinaus sind weitere Varianten für Einlagen in den Teig denkbar, z. B. im noch herberen Bereich durch Zugabe von kleinen Olivenstückchen oder etwas Tapenade. Auch eine süße Fassung ist denkbar, bei der ein sehr schöner Gegensatz zwischen der Tomatencreme und einer roten Frucht erzielt werden kann (wie z. B. Erdbeere). Ein solches Brot würde man dann im Dessertbereich in ähnlicher Funktion einsetzen.

Tomatengelees

Allgemeine Erläuterungen: Die Tomatengelees haben in Italien eine große Tradition und sind Teil vieler Tomatenterrinen. Ihre natürliche Würze (wir kommen auf Seite 67 ausführlich darauf zu sprechen) macht sie zu einem idealen Element im kalten und warmen Bereich der Küche. Im warmen Bereich, dessen Auflockerung auch und gerade mit Warm-Kalt-Kontrasten betrieben wird, hat sich eine ganze Reihe von Entwicklungen ergeben, die zum größten Teil auf die Verbreitung weiterer Geliermittel (über die normale Gelatine hinaus, zum Beispiel Agar-Agar, siehe Produktliste) zurückzuführen ist. Heute findet man also nicht nur die Geleeschicht in einer Terrine, sondern stabile Geleeblöcke, die so schnittfest sind, dass man ganz dünne Scheiben davon herstellen kann, oder Dinge wie die „sphärischen Ravioli" von Ferran Adrià, mit denen man Tomatensaft in einem Kalziumchloridbad mit einer feinen Hülle umkleiden kann, die gerade ausreicht, das Objekt in den Mund zu transportieren. Dort kann man es dann mit der Zunge zum Platzen bringen, und der Saft macht sich äußerst dynamisch im Mundraum breit (siehe auch unter Nummer 12). Es wird hier wegen der etwas schwierigen Materialbeschaffung nicht besprochen.

Festes Tomatengelee mit Balsamico

Zutaten: 200 ml Tomatensaft (Handelsware)
4 g Agar-Agar
1 EL Balsamico, mittelalt

Zubereitung: Alle Zutaten in einen kleinen Topf geben. Das Agar-Agar gut verrühren. Die Flüssigkeit bis auf 80 Grad erwärmen. Vom Herd nehmen und etwas abkühlen lassen, dann in die gewünschte Form füllen. Das Gelee wird auch ohne Kühlung fest.

Erläuterungen: *Der handelsübliche Tomatensaft ist hier sehr praktisch, weil er schon über eine komplexe Würze verfügt, die durch den Balsamico-Essig nur noch abgeschmeckt werden muss. Dieser Balsamico sollte nicht zu alt sein und noch nicht sehr viel Süße besitzen. Er ist dann übrigens auch vergleichsweise billig (einige Euro pro 250 ml gegenüber gut und gerne 150 bis 200 Euro für jahrzehntealte, sehr dicht und süß schmeckende Spezialitäten).*
Das größte Problem bei diesem Rezept (und allen Rezepten mit Gelees) ist die Dosierung des ***Agar-Agar****-Pulvers. Es beginnt damit, dass die meisten Waagen mit so geringen Gewichten wie 4 Gramm Schwierigkeiten haben. Man kann auch nicht angeben, ein Teelöffel hätte soundso viel Gramm, weil die Teelöffel einfach unterschiedlich groß sind und dieser Unterschied bei so geringen Mengen eine große Rolle spielen kann. Außerdem ist meist unklar, ob der Teelöffel gestrichen oder gehäuft voll sein soll, und wenn gehäuft, dann wie hoch voll. Kulinarisch ist eine solche Klärung aber sehr wichtig, weil von der Menge des Geliermittels die Dichte des Gelees abhängt. Wenn man zum Beispiel Agar-Agar sehr hoch dosiert, kann es durchaus sein, dass das Gelee einen Agar-Agar-Geschmack bekommt, eine Art faden Nebengeschmack, der typisch für dieses Bindemittel ist. Es bleibt also nichts anderes übrig, als sich zu Hause mit seinen Mitteln eine Möglichkeit zu schaffen, grammgenau abwiegen zu können. Das kann etwa so aussehen, dass man einmal eine größere Menge abwiegt (z. B. 20 Gramm) und dann feststellt, wie viele Teelöffel diese Menge ergibt. Auf diese Weise kann man dann darauf schließen, wie viel Gramm ein einzelner Teelöffel hat.*

Es gibt noch weitere Besonderheiten rund um das Agar-Agar. So ist es zum Beispiel bis ungefähr 80 Grad wärmestabil, kann also warm und im Zusammenhang mit warmen Zubereitungen eingesetzt werden. Unter Nummer 21 kommt diese Technik in detaillierter Form zur Anwendung. In einer Art physikalischem Umkehrschluss bedeutet das natürlich auch, dass Agar-Agar bei sehr viel höheren Temperaturen fest wird, als dies bei Gelatine der Fall ist. Während Gelees mit Gelatine meist im Kühlschrank abbinden müssen, wird Agar-Agar bei Zimmertemperatur fest, je nach Dosierung und Dicke der auszukühlenden Schicht schon in wenigen Sekunden. Anders als das handelsübliche Gelatinepulver, das erst mit etwas Wasser aufgeweicht werden muss, um dann in der heißen Flüssigkeit sorgfältig aufgelöst zu werden, lässt sich Agar-Agar direkt in eine Flüssigkeit geben und löst sich sehr viel besser darin auf. Den Auflösepunkt von etwa 80 Grad sollte man beim Einarbeiten immer erreichen, weil dann die Verbindung besonders dicht wird. Im Beispielrezept ist die Dosierung mit 2 Gramm pro 100 ml etwas höher, das Gelee wird also ziemlich fest. Wenn man es nach Fertigstellung zum Beispiel in eine Schale gießt, wo es etwa 2 cm hoch steht, ergibt sich eine Stabilität, die ausreicht, ganz präzise Würfel aus dem abgebundenen Gelee zu schneiden.

Klares Tomatengelee

Allgemeine Vorüberlegungen: Das klare Tomatengelee ist eine der schönsten Spezialitäten, die mit der Tomate hergestellt werden können. Grundlage für das Gelee ist das **Tomatenwasser**. Im Gegensatz zum Tomatensaft, den man aus komplett pürierten und passierten Tomaten gewinnt, entsteht das Tomatenwasser, ohne dass man die Tomate püriert oder auspresst. Beim Pürieren oder Pressen entsteht ein rötlicher Saft, während das Tomatenwasser klar bleibt. Über die aromatisch wirksamen Bestandteile der Tomate und die Bedeutung des Kerngehäuses wurde bereits in der Einleitung gesprochen. Um diese Aromen in konzentrierter Form im Tomatenwasser zu sammeln, muss die Tomate (am besten in einer flachen Schale, um alle austretende Flüssigkeit aufzufangen) komplett in Würfel geschnitten werden – nur der grüne Stielansatz wird entfernt. Diese Würfel werden zusammen mit dem ausgetretenen Saft dann in ein so genanntes Passiertuch gefüllt und am besten über Nacht über einer Schüssel im Kühlschrank aufgehängt. Bei einer etwas vereinfachten Technik reicht ein Leinentuch, mit dem man ein Sieb vollständig auslegen kann, in das man dann die zerschnittene Tomate gibt. Dieses Sieb kann man auf eine exakt passende Rührschüssel setzen, so dass die ganze Apparatur in jeden Kühlschrank passt. Für etwas größere Mengen empfehlen sich zwei oder mehr solcher Abtropfvorrichtungen. Im Verlauf etlicher Stunden tropft nun der Saft aus dem Kerngehäuse und den Tomatenstückchen in das Gefäß.

Wenn man nun sehr vorsichtig, und ohne die Schüssel stark zu bewegen, den Inhalt kontrolliert, so wird man feststellen, dass der größere Teil der Flüssigkeit klar ist und darunter etwas festere, rote Bestandteile sind. Für den **1. Abguss des Tomatenwassers** gießt man nun die klaren Bestandteile nochmals vorsichtig durch ein feines Sieb. Dieser erste Abguss bildet die Grundlage für die klaren Gelees (siehe unter Nummer 20) oder die klare Tomatensuppe (siehe unter Nummer 21).

Auch in dem Beispiel an dieser Stelle kann dieser erste Abguss benutzt werden. Es gibt allerdings sehr gute Gründe, nicht nur den klaren ersten Abguss zu benutzen, sondern auch den **2. Abguss des Tomatenwassers**. Dessen Herstellung nutzt die Tatsache, dass sich in den abgetropften Tomaten noch sehr viel Saft befindet, den man ja nur deshalb nicht ausdrückt, weil er nicht ganz klar ist, sondern durch seine Schwebstoffe leicht rötlich. Man kann nun die Passiertücher sorgfältig über einem feinen Sieb ausdrücken und diese Flüssigkeit mit dem Rest des abgetropften Tomatenwassers vereinigen. Diese Flüssigkeit ist immer noch etwas durchsichtig und hat vor allem ebenfalls noch ein hervorragendes, volles Aroma. Während speziell in guten Restaurants das klare Tomatenwasser vom ersten Abguss oft für Gelees eingesetzt werden, über die dann die Gäste rätseln können, wie denn ein solch intensives Aroma hineinkommt, kann der zweite Abguss kulinarisch im Prinzip ebenso sinnvoll eingesetzt werden.

Zutaten: 150 ml Tomatenwasser „2. Abguss“
2 g Agar-Agar

Zubereitung: Die Zutaten in einen kleinen Topf geben. Das Agar-Agar gut verrühren und die Flüssigkeit bis 80 Grad erwärmen. Vom Herd nehmen und etwas abkühlen lassen, dann in die gewünschte Form füllen. Das Gelee wird auch ohne Kühlung fest.

Erläuterungen: *Die Dosierung des Agar-Agar ist hier mit 2 Gramm für 150 ml wesentlich geringer als bei dem festen Tomatengelee. Der Grund ist unter anderem die aromatische Sensibilität des Tomatenwassers. Dieses reine Naturprodukt, das keinerlei Salz, Pfeffer, Fonds oder sonstige Mittel braucht, um außergewöhnlich voll und tief zu schmecken, soll nicht durch den Nebengeschmack einer zu hohen Dosierung des Bindemittels gestört werden.*

Safran-Tomatengelee

Allgemeine Erläuterungen: Diese einfache, aber hochfeine Variante ist ein Beispiel dafür, wie man mit wenig Materialien ein gutes Endprodukt erzielen kann. Es empfiehlt sich unbedingt, einmal einen guten Safran (den es schon in sehr kleinen Portionen gibt) dafür zu kaufen (siehe Produktliste).

Zutaten: 100 ml Tomatenwasser
6–8 Fäden Safran (je nach Größe)
2 g Agar-Agar

Zubereitung: Den Saft erhitzen, aber nicht kochen. Safran zur Infusion dazugeben und einige Minuten ziehen lassen. Wenn das Aroma deutlich, aber noch nicht zu dominant ist, Saft durch ein feines Sieb passieren. Agar-Agar dazugeben, gut verrühren, dann bis 80 Grad erhitzen.
Vom Herd nehmen und etwas abkühlen lassen, anschließend in die gewünschte Form füllen. Das Gelee wird auch ohne Kühlung fest.

Erläuterungen: *Der wichtigste Punkt für die Subtilität ist das Abschmecken, das heißt die Kontrolle der Infusionswirkung. Im Zweifelsfall sollte man bei dieser Kombination die Infusion – trotz des teuren Safrans – beenden, wenn es ausreichend erscheint, und nicht noch länger warten.*
Die hier benutzte Dosierung von 2 Gramm Agar-Agar für 100 ml ist eine Dosierung, die schon zur Verwendung dieses Gelees in einem weiteren Beispielrezept (siehe Nummer 20) dient. Dort wird etwas mehr Stabilität benötigt, weil das Gelee mit Gemüsewürfeln angereichert wird. Will man das Gelee in einer Funktion verwenden, in der es weniger stabil sein soll, empfiehlt sich eine Dosierung von 1,5 Gramm.

Sensorische Erläuterungen zu den Tomatengelees: In der modernen Küche mit ihren Gelee-Varianten gibt es nicht mehr nur die klassischen sensorischen Auswirkungen eines Gelees. So ist normalerweise das Gelee ein schmelzendes Element, das im Zusammenhang mit einem festeren Element zum Beispiel das Zerkauen und somit aromatische Aufschließen schmelzend-weich begleitet und aromatisiert. Speziell die festeren Gelees haben eine ganz eigene Textur, die man schon fast als „bissfest“ bezeichnen könnte. Sie zerlegen sich nach kurzer Zeit im Mund ebenfalls, „schmelzen“ aber nicht in der gleichen flüssigen Form wie ein Gelee mit einer nicht so festen Bindung. In der festeren Form sind die Gelees eine wichtige Technik, um das Aroma von Flüssigkeiten wie etwa Saucen oder Fonds in einem Gericht berechenbarer einzusetzen. Man kann zum Beispiel einen festeren Geleewürfel oder eine Scheibe auf ein anderes Element legen, um es mit diesem zu essen. Dann ist das Gelee ein präzise zu dosierendes Element eines ebenso präzisen Akkordes. Das gleiche Aroma als flüssige Sauce auf dem Teller verteilt lässt einfach keine klare Dosierung zu. Außerdem ist es angebracht, über die Temperatur der Gelees nachzudenken. Ist die Temperatur eiskalt, verstärkt sich der Eindruck des Schmelzens, weil man die Erwärmung, also das Schmelzen, deutlicher bemerkt, als wenn das Gelee ebenfalls warm ist. Unter Umständen sollte man nicht zögern, für das Gelee einen eigenen Behälter (ein Mini-Näpfchen oder Glas) vorzusehen, damit man sich zum Beispiel abwechselnd mit einem Stück Huhn daraus bedienen und die wunderbare Sensorik der kalten Gelees in warmen Zubereitungen nachvollziehen kann. Die unempfindlicheren, höher dosierten Agar-Agar-Bindungen dagegen können verblüffende „feste“ Gerichte aus Flüssigkeiten entstehen lassen und umgekehrt. Ferran Adrià hat seine dekonstruierte Gemüsesuppe als Geleewürfel von den normalerweise beteiligten Gemüsen serviert. „Dekonstruiert“ (Substantiv: **Dekonstruktion**) meint in diesem Zusammenhang die Veränderung der ursprünglichen Textur und die neuerliche Zusammensetzung in einer texturell anderen Form. Adrià wollte mit Einfällen wie diesem vor allem die traditionellen Erwartungen an das Essen einer Gemüsesuppe irritieren und durch die Neukonstruktion die Aufmerksamkeit auf diesen Prozess lenken.

Tomatenschäume, Tomaten-Air, Tomateneis

Allgemeine Erläuterungen: Neben den vielfältigen Gelees haben besonders die diversen Formen von Schäumen in den letzten Jahren eine erhebliche Erweiterung erfahren. Die Grundlage für diese Erweiterung ist die Erkenntnis, dass die Aromen in viele weitere Aggregatzustände (siehe unter Nummer 13) überführt werden können, und diese Aggregatzustände ein besonders vielfältiges Erleben des Aromas ermöglichen – vor allem dann, wenn sie intelligent in komplexeren Gerichten eingesetzt werden. Nicht alles davon ist neu, noch nicht einmal die berühmten **„Espumas“** des Ferran Adrià, die schlicht und einfach auf einer Ausweitung des Einsatzes eines Sahnespenders beruhen. Bei diesem Sahnespender wird Sahne in eine Art Edelstahlflasche gefüllt und unter dem Druck von Kohlensäure in Patronen zu Sahne aufgeschäumt. Bei Adrià und nach ihm bei Tausenden von Köchen landete dann quasi jede Form von Flüssigkeit in diesen Flaschen und führte zum Beispiel zu einem Pilzschaum oder einem Gurkenschaum. Ein Schaum ganz ähnlicher Art und Wirkung steht auch am Beginn dieses Kapitels, schlicht „Tomatensahne“ genannt. Begriffe wie „Tomaten-Air“ meinen ebenfalls im Prinzip alte Effekte, die aber neu interpretiert und technisch etwas anders angelegt sind (auch das bei Ferran Adrià). Die einzelnen Techniken werden im Folgenden einzeln erläutert.

Tomatensahne

Für 4 Personen

Allgemeine Erläuterungen: Die Tomatensahne ist ein sehr einfach herzustellender Schaum, der aus unerfindlichen Gründen früher selten bis gar nicht zum Einsatz kam, beim heutigen Verständnis von aromatischer und textureller Vielfalt aber eine wichtige Bedeutung hat. Mit dem aromatischen Bild von Sahne vor Augen ist es eine besondere Überraschung, auf eine Sahne mit dem Aroma von Tomate zu treffen.

Zutaten: 50 ml Passato (Handelsware)
150 ml Sahne

Zubereitung: Passato und Sahne in einen hohen Rührbehälter füllen. Mit einem Stabmixer zunächst auf niedriger Stufe vermischen, dann zu Sahne aufschlagen.

Erläuterungen: *Wie immer sollte die Sahne gut gekühlt verwendet werden, weil sie dann fester wird. Nach Fertigstellung gehört geschlagene Sahne auch grundsätzlich in den Kühlschrank. Das handelsübliche Passato aus meist sehr reifen Tomaten eignet sich für diese Verwendung deshalb gut, weil es sehr intensiv im Aroma ist. Der Anteil an Tomatenaroma mag nach „unten" beliebig variiert werden, wobei dann die Sahne eben kaum noch nach Tomate schmeckt. Nach oben hin ist die Aufnahmefähigkeit der Sahne für das vom spezifischen Gewicht her recht schwere Passato begrenzt. Eine denkbare Variante wäre das Aufschlagen von Sahne und das anschließende Unterheben des Passato. Die Ergebnisse in dieser Technik werden nicht so gut wie die sorgfältige Vermischung vor dem Schlagen der Sahne.*

Variationsmöglichkeiten: Beim Ausgangsmaterial gibt es verschiedene Möglichkeiten. An Stelle des Passato kann handelsüblicher Tomatensaft stehen, es kann der Saft von pürierter und passierter Tomate benutzt werden oder – besonders elegant, aber ohne einige Vorbereitung nicht machbar – das Tomatenwasser aus Kapitel 14. Beim handelsüblichen Tomatensaft wird es darauf ankommen, wie stark er gewürzt ist und ob die Art dieser Würze gut mit der Sahne harmoniert. Das Tomatenwasser ist in jedem Falle wegen seiner kräftigen Würze gut zu benutzen.

Geeister Tomatenschaum I

Für 4 Personen als Beilage

Allgemeine Erläuterungen: Mit „Schaum" ist hier das gemeint, was sonst eher als **„Parfait"** bezeichnet wird, also in der Regel die Kombination einer aromatischen Flüssigkeit mit geschlagener Sahne, die anschließend gekühlt wird und meist wie ein Eis eingesetzt wird. Parfaits und geeiste Schäume haben auch in der herzhaften Küche eine lange Tradition bzw. eine große Verbreitung gefunden.

Zutaten: 3 EL Tomatensaft (Handelsware)
3 geh. EL geschlagene Sahne

Zubereitung: Zuerst eine kleine Menge Sahne vorsichtig unter den Saft heben und langsam einrühren. Dann den Rest Sahne vorsichtig unterheben. In eine kleine, rechteckige Form füllen (ca. 150 ml) und über Nacht tiefgefrieren.
Am besten als kleine Scheiben servieren. Vor dem Servieren etwa 10 bis 15 Minuten bei Zimmertemperatur stehen lassen, damit die Scheiben besser zu schneiden und nicht so fest sind.

Erläuterungen: *Im Prinzip ist die Herstellung eines geeisten Tomatenschaums nicht schwierig. Es muss nur sehr vorsichtig und sorgfältig gearbeitet werden. Ziel muss sein, einen Schaum herzustellen, der sehr luftig und leicht wirkt. Dazu sind einige wichtige Handgriffe zu beachten. Bei der Verbindung der aromatischen Flüssigkeit mit der Sahne ist es unerlässlich, dass beide gut gekühlt sind und die aromatische Flüssigkeit auf gar keinen Fall wärmer ist als die Sahne. Dann wird die Sahne sofort beginnen zu schmelzen und damit wieder dichter zu werden. Das Endergebnis wäre ein kaum noch lockerer Schaum. Wenn die geschlagene Sahne unter eine deutlich wärmere Flüssigkeit gehoben werden soll, führt das im schlimmsten Falle dazu, dass die Sahne wieder komplett zur Flüssigkeit wird. Bei aller Vorsicht wird allerdings immer durch die mechanische Belastung des Unterhebens ein Teil der Sahne etwas von ihrem „Stand" verlieren. Der Vorgang des Unterhebens wird wesentlich erleichtert, wenn ein kleiner Teil der Sahne „geopfert" und sorgfältig mit der aromatischen Flüssigkeit verrührt wird. Wenn man dann die eigentliche Menge Sahne unterhebt, ist die Flüssigkeit wesentlich aufnahmebereiter für die Sahne und bleibt lockerer.*
Durch das kürzere oder längere Auftauen wird der Festigkeitsgrad des Schaums bestimmt. Ideal ist, wenn der Schaum noch nichts von seiner Form verloren hat, aber schon deutlich weicher ist als direkt aus der Kühltruhe.

Geeister Tomatenschaum II

Allgemeine Erläuterungen: Diese Variante hat nicht nur ein anderes Grundaroma, sondern mit der Gelatine ein notweniges verstärkendes Element, weil die intensiven Aromen und der Säuregehalt der Ausgangssauce chemisch etwas anders reagieren, als das Passato beim Beispiel I.

Zutaten: 100 ml Tomatensauce Nr. 5
1,8 g Gelatinepulver
150 ml Schlagsahne

Zubereitung: Das Gelatinepulver mit einigen Tropfen Wasser vorquellen lassen. Die Sauce erwärmen, dann die vorgequollene Gelatine sorgfältig einarbeiten. Die Zubereitung etwas abkühlen lassen.
Sahne steif schlagen und erst ein wenig, dann den Rest der Sahne vorsichtig unter die Sauce heben. In eine kleine, rechteckige Form füllen (ca. 150 ml) und über Nacht tiefgefrieren.
Am besten als kleine Scheiben servieren. Vor dem Servieren etwa 10 bis 15 Minuten bei Zimmertemperatur stehen lassen, damit die Scheiben besser zu schneiden und nicht so fest sind.

Erläuterungen: *Das Vorquellen der* ***Gelatine*** *ist eine Sache von wenigen Minuten. Es ist allerdings dringend darauf zu achten, dass wirklich nur die unbedingt notwendige Menge Wasser eingesetzt wird, weil sonst – gerade bei kleinen Mengen – eine unerwünschte Vergrößerung der Flüssigkeitsmenge die Folge ist. Beim* ***Erhitzen der Sahne*** *ist darauf zu achten, dass die Sahne nicht aufkocht, weil sie dabei ihr Aroma verändert. Wenn sich dann die Gelatine auflöst, ist etwas Sorgfalt nötig: Sie ist dann aufgelöst, wenn in der Flüssigkeit keinerlei Spuren mehr davon und keine winzigen Körner zu entdecken sind. Das anschließende Abkühlen der Flüssigkeit ist hier ein wenig speziell: Wenn sie zu stark abkühlt, könnte die Gelatine bereits beginnen, fest zu werden. Es braucht also etwas Fingerspitzengefühl, um den richtigen Zeitpunkt für das Unterheben der Sahne zu ermitteln.*

Sensorische Erläuterungen zur Tomatensahne und den geeisten Tomatenschäumen: Im Prinzip funktioniert die Sensorik hier ganz ähnlich wie bei den Gelees (siehe unter Nummer 14). In Frage kommt also der Einsatz als schmelzende und festere Elemente eines Gerichtes umhüllende Textur.
Bei den geeisten Schäumen kommt je nach Kälte der typische Eis-Effekt dazu. Eine normale Portion geeister Tomatenschaum überdeckt zunächst das Element, mit dem sie zusammen in den Mund genommen wird, weil die Kältewahrnehmung Vorrang hat. In dem Maße, wie sich der geeiste Schaum im Mund erwärmt, werden auch die anderen Aromen wahrnehmbar und entwickeln sich. Ein geeister Tomatenschaum, kombiniert mit einem Stück Nuss, das in geschmolzenem Parmesan gewälzt wurde (eine sehr interessante Sache), überdeckt sensorisch das Kauen auf der Nuss, bis sie nach einigen Sekunden beginnt, ihr Aroma abzugeben. Da sich die Parmesankruste ähnlich spät entwickelt, käme es bei dieser Verwendung zu einem auffälligen zeitlichen Verlauf der Geschmackswahrnehmung.

Tomaten-Air I

Von abgetropften Tomaten/Tomatenwasser

Für 4 Personen als Beilage

Allgemeine Erläuterungen: Der Begriff **„Air"** stammt von Ferran Adrià und bezeichnet den leichtesten aller möglichen Schäume (deshalb auch Air = Luft genannt). Im Prinzip ist die Air nichts anderes als der Schaum, der schon mal entsteht, wenn irgendeine Flüssigkeit (inklusive der Sahne) mit einem Stabmixer aufgeschlagen wird. Je nachdem, wie nahe an der Oberfläche der Flüssigkeit geschlagen wird, kommt es zu einer starken Vermischung von Luft und Flüssigkeit und damit zu einem Schaum. Dieser Schaum entsteht in der Regel nicht in größerer Menge und ist ziemlich instabil. Dennoch wird dieser Effekt gerade in der Spitzenküche häufig bei den aufgeschäumten Sahnesaucen benutzt, die auf diese Weise – zumindest wird das so gesehen – leichter und eben luftiger aussehen, als ihre fetten Bestandteile es eigentlich sind. In der klassischen Küche kennen wir zum Beispiel auch die **„Sabayon"**, eine Kombination von Zucker, Eigelb und Wein, die ganz gezielt zu einem luftigeren Schaum aufgeschlagen wird. Die Air nun ist die Lösung für den Wunsch, auch Flüssigkeiten, die nichts mit Sahne, Butter oder Ei zu tun haben, aufzuschäumen. Um den Schaum zu stabilisieren, verwendet Adrià Lecithinpulver (siehe Produktliste). Damit vermischt bleibt der Schaum sehr viel stabiler, kann gut auf dem jeweiligen Gericht platziert werden und hat sogar so etwas wie „Stand".

Der Sinn des Ganzen? Es gibt wohl kaum eine kulinarische Entwicklung in der letzten Zeit, die so sinnvoll ist wie eine Air. Sie ist quasi die zartestmögliche Form der Aromatisierung. Eine Apfel-Air über einer Muschel gibt der Muschel tatsächlich nur einen Hauch von Apfelaroma – was wiederum ganz wunderbar schmecken kann. Auch wenn die Air Gefahr läuft, immer und überall mit relativ wenig Sinn eingesetzt zu werden, bleibt sie dennoch ein kulinarisches Werkzeug, das seinen Platz in der Kochkunst behalten wird.

Tomaten-Air II

Von pürierten und passierten Tomaten

Zutaten: 200 ml Tomatenwasser (s. Seite 68)
2 g Lecithinpulver

Zubereitung: Tomatenwasser in ein hohes Rührgefäß geben. Lecithin mit einem Löffel so gut wie möglich einrühren oder mit dem Stabmixer auf niedriger Stufe sorgfältig vermischen. Dann den Mixer auf höchste Stufe stellen und unmittelbar an der Oberfläche Schaum erzeugen. Den Schaum etwa 2–3 Minuten ruhen lassen. Danach ist der Schaum verwendbar.
Zur Erzeugung von mehr Schaum kann dieser Vorgang wiederholt werden.

Erläuterungen/sensorische Erläuterungen zur Tomaten-Air: Wegen der geringen Stabilität der Air sollte bei ihrem Einsatz der Kontakt zu sehr warmen Elementen vermieden werden. Auf einem Untergrund von Zimmertemperatur oder wenig mehr hält sich der Schaum dagegen sehr gut. Es ist also beim Einsatz unter Umständen auch zu überlegen, ob die Air nicht in einem getrennten Gefäß serviert wird. Wegen der Reinheit und Zartheit ihres Aromas sollte sie nur in einem Umfeld eingesetzt werden, wo keine kräftigen Aromen in der Nähe sind. Eine Zitronen-Air auf einem Stück Fischfilet ist kein Problem, eine Curry-Air (zum Beispiel mit einem Orangenschaum, bei dem der Saft vorher kräftig mit Curry gewürzt wird) auf einem Stück Geflügel auch nicht, aber eine Pfeffer-Air (zum Beispiel aus kräftig gepfeffertem Gemüsefond hergestellt) auf einem Stück Rinderfilet könnte zu zart sein. Wer nicht mit Lecithin arbeiten kann oder will, dem bieten sich auch Experimente mit Speisestärke an.

Allgemeine Erläuterungen: Bei der Tomaten-Air I ist die Grundlage das nur mit etwas Aufwand herstellbare Tomatenwasser. Das folgende Beispiel benutzt einen natürlich hergestellten Tomatensaft.
Wegen der vielen festen Bestandteile ist eine Verdünnung mit Wasser notwendig, die dann für den Flüssigkeitsgrad sorgt, der eine optimale Air-Herstellung ermöglicht.

Zutaten: 200 ml Saft von pürierten und passierten Tomaten (5–6 Tomaten, mittelgroß)
100 ml Wasser
1 gehäufter TL Lecithin

Zubereitung: Wie Tomaten-Air I.

Sensorische Erläuterung: Auch wenn diese Air nicht aus so etwas Intensivem wie dem Tomatenwasser hergestellt ist, kann sie mit ihrem leichten und frischen Aroma genauso gut ihre kulinarische Berechtigung haben.

Tomateneis

Allgemeine Erläuterungen: Noch vor einigen Jahren konnten Besitzer von Eiscafes damit Aufsehen erregen, dass sie Eis von „herzhaften" Produkten machten. Für viele Leute mit einem traditionellen Verständnis von Eis war und ist so etwas wie ein Tomateneis etwas Bizarres. Unter kulinarischen Aspekten ist es dagegen ein ganz normales Element, das höchst interessant eingesetzt werden kann und außerdem alle möglichen speziellen Aromatisierungen verträgt.

Zutaten: 3–4 Tomaten, mittelgroß
100 ml Wasser
100 ml Tomatensaft (Handelsware)
1 EL Crème de Cassis
etwas Curry
etwas Vanille
1 EL Zucker
6 Spritzer Tabasco

Zubereitung: Für etwa 200 ml Tomatensaft die Tomaten vom Stielansatz befreien, in grobe Würfel schneiden und pürieren. Dann alle Zutaten in einem hohen Rührgefäß mit dem Mixstab zu einer homogenen Flüssigkeit verrühren.
In der Eismaschine zu Eis verarbeiten. Entweder sofort verwenden, z. B. in einem kleinen Glas servieren, oder tiefgefrieren.

Erläuterungen: *Die Crème de Cassis ist ein sehr wichtiges Element in diesem Rezept, weil sie eine hochinteressante und sehr spezielle Variante vom Tomatenaroma ermöglicht, das zu dem Aggregatzustand Eis besonders gut passt. Die angegebene Menge ist für eine kleine Eismaschine gedacht, sie muss für die jeweiligen handelsüblichen Eismaschinen gegebenenfalls modifiziert werden.*

Sensorische Erläuterungen: Ein Tomateneis kann im Zusammenhang mit einem normalen Gericht kaum auf dem Teller selber Verwendung finden, sondern sollte in einem Extra-Glas oder -Gefäß serviert werden. Dann ist auch das möglich, was mit diesem Eis am interessantesten ist: ein abwechselndes Essen von Eis und anderen Elementen, und zwar in jeder beliebigen Reihenfolge. Das Eis sorgt in diesem Falle nicht nur für einen Gewürzraum (siehe unter Nummer 8), sondern durch seine Kälte auch für einen anderen sensorischen Raum. Der vom Eis kalte Mund reagiert anders auf Aromen als der warme. Dieser Effekt ist am deutlichsten im Zusammenhang mit sehr vielfältig gewürzten Gerichten. Zum Beispiel: ein Reisgericht, das indisch orientiert angelegt ist, also Reis vermischt mit Gemüsen (Auberginen, Zucchini, Paprika etc.) und viel Curry und anderen Gewürzen, die richtig scharf sein dürfen. Die Wirkung des kalten Eises in diesem Zusammenhang ist ganz speziell und schafft so etwas wie eine Transparenz in den Aromen, die so nicht unbedingt erwartet wird.

Dessert-Tomate mit Vanillebutter

Allgemeine Erläuterungen: Die Tomate mit ihren vielfältigen Verwendungsmöglichkeiten lässt gerade im aromatischen Sektor buchstäblich alle Möglichkeiten offen. Wer noch nie Tomate im Zusammenhang mit einem Dessert gegessen hat, wird verwundert feststellen, dass sich die Tomate dort so selbstverständlich einfügt, als sei sie eine ganz normale Frucht. Das folgende Rezept ist angeregt von einer Dessert-Tomate, die der französische Spitzenkoch Alain Passard vom 3-Sterne-Restaurant „L'Arpège" in Paris schon seit einigen Jahren anbietet. Passard ist übrigens dadurch besonders bekannt geworden, dass er quasi nur noch Gerichte offeriert, die ausschließlich aus Gemüse bestehen. Seine Sensibilität in diesem Sektor ist bisher unerreicht.

Dessert-Tomate mit Vanillebutter

Für 4 Personen

ZUTATEN FÜLLUNG:
20 g Butter
15 g Datteln
15 g Dörrpflaumen
15 g getrocknete Äpfel
15 g getrocknete Aprikosen
15 g Korinthen
15 g eingelegter Ingwer
15 g Weintrauben
20 g Ananas (frisch oder aus der Dose)
20 g Äpfel
20 g Birnen
6 Walnusskerne
100 ml trockener Weißwein
3 EL Portwein, rot
½ TL Currypulver
1 Prise Vanillepulver
1 Msp Kardamompulver
⅓ TL Pfeffermix

ZUBEREITUNG: Die Trockenfrüchte in feine Würfel von etwa 5 mm Kantenlänge schneiden, die Walnüsse in Stückchen zerteilen. Butter in einem kleinen Topf bei mittlerer Hitze schmelzen. Die Trockenfrüchte und Nussstückchen dazugeben und unter leichtem Rühren anschwitzen. Mit dem Weißwein ablöschen, dann vom Kochfeld nehmen und fünf Minuten ziehen lassen. In der Zwischenzeit das frische Obst ebenfalls fein würfeln. Anschließend den Topf wieder auf das Kochfeld setzen, die Obstwürfel sowie den Portwein zugeben. Fünf Minuten leicht weiterrühren. Die Gewürze gut untermischen, den Deckel auf den Topf setzen und 10 Minuten bei geringer Hitze ziehen lassen.

Erläuterungen: *Die Ansammlung von Zutaten braucht nicht zu erschrecken. Datteln und die anderen Trockenfrüchte sind in jedem Supermarkt zu bekommen. Bei allen Trockenfrüchten lohnt sich allerdings auch ein Blick auf verschiedene Qualitäten (siehe Produktliste). Die Aufteilung, zuerst Trockenfrüchte und dann frische Früchte, hat mit der Garzeit zu tun. Die Trockenfrüchte brauchen eine Art Revitalisierung durch etwas Flüssigkeit, um weicher zu werden und vor allem im sensorischen Kontext nicht unangenehm aufzufallen. Für die frischen Früchte empfehlen sich solche, die noch etwas Festigkeit besitzen, also keine vollreifen Exemplare, die bei dieser Würfelgröße zerfallen würden. Während der Weißwein von Standard-Qualität sein kann, empfiehlt sich für den Portwein ruhig eine etwas bessere Qualität, weil er in dieser Zubereitung nicht völlig verkocht wird (siehe Produktliste). Beim* ***Köcheln*** *auf kleiner Flamme ist nur eine minimale Bewegung im Topf erwünscht. Jedes stärkere Kochen würde das Zerfallen der Elemente fördern und ein Kompott ergeben. Für die Optik, vor allem aber auch für die Sensorik (siehe unten) ist der Erhalt der Elemente sehr wichtig. Die Herstellung des* ***Pfeffermixes*** *ist am besten mit einer einfachen elektrischen Kaffeemühle zu bewerkstelligen, die für das Mahlen von Gewürzen immer wieder gebraucht werden kann.*

Vanillebutter

ZUTATEN: 2 Vanilleschoten
50 g Butter, ungesalzen

ZUBEREITUNG: Die Vanilleschoten auf einer Seite längs aufschneiden und quer halbieren. Butter in einem kleinen Topf schmelzen lassen, die Schoten aufklappen und mit der Innenseite nach unten in die Butter legen. Eine Minute erhitzen, anschließend den Deckel aufsetzen, den Topf vom Kochfeld nehmen und ziehen lassen. Wenn die Butter zu kalt werden sollte, kurz vor dem Servieren nochmals erhitzen.

Fertigstellung

ZUTATEN: 4 Tomaten, mittelgroß

FERTIGSTELLUNG: Den Ofen auf 130 Grad vorheizen. Von den Tomaten einen Deckel abschneiden und die Tomaten vorsichtig aushöhlen, damit die Schale nicht beschädigt wird. Die Tomaten in eine Form geben (z. B. eine Lasagne-Form), mit der Früchtemasse füllen und den Tomatendeckel wieder aufsetzen. Mit der Vanillebutter überglänzen, die Schoten dazulegen und in den Ofen geben. Während der Garung noch zweimal mit der Vanillebutter überglänzen. Die Dessert-Tomaten sind fertig, wenn sie gerade eben beginnen zu schmelzen, also Hitzewirkung zeigen.

Erläuterungen: *Die Vanilleschoten werden zu Beginn nicht ausgekratzt, weil sie bei diesem Rezept ihr Aroma zuerst eher dezent an die Buttersauce abgeben sollen. Später, auf dem angerichteten Teller, sollen sie dann für eine speziell kräftige Wirkung ausgekratzt werden können. Die Herstellung der Tomate entspricht der gefüllten Tomate unter Nummer 11. Anders ist lediglich das* ***Überglänzen*** *mit der Vanillebutter. Die Technik des Überglänzens findet sich sehr häufig bei allen möglichen Zubereitungen, und zwar nicht nur bei Zubereitungen im Ofen, sondern auch in der Pfanne. Das Überglänzen dient entweder der Aromatisierung der Außenhaut und/oder der Zuführung von aromatischer Flüssigkeit, die die Außenhaut eines Produktes vor Austrocknung schützen soll. Hier dient es ausschließlich der Aromatisierung: Die Tomate wird mit einem Hauch von Vanillearoma überzogen. Im Gegensatz zu den gefüllten Tomaten ist bei der Dessert-Tomate eine feste Textur und ein daraus resultierender, noch deutlicher Tomatengeschmack nicht wesentlich und unter Umständen sogar kontraproduktiv. Es ist besser, wenn sich die Tomate sehr harmonisch und durchaus weich in das Gesamtbild einfügt. Daher ist eine Garung vorzuziehen, die bis zum Beginn des Schmelzens reicht. Sollte die Tomate beim Garen auseinanderfallen, ist dies sogar besser als eine zu feste Textur. Die Tomate lässt sich auch in diesem Falle noch dekorativ arrangieren.*

ANRICHTEN: Pro Person eine Tomate mit leicht geöffnetem Deckel, etwas Vanillebutter und einer halben Vanilleschote servieren.

Sensorische Erläuterungen: Ein Teil der Sensorik hat unmittelbar mit dem Garpunkt der Tomate zu tun (siehe oben). Wichtig ist aber auch die Füllung, die eine sorgfältige Behandlung braucht, um wirklich zu gelingen. Die ganze Vielfalt der Aromen wird nur dann wirksam, wenn eine Kombination aus vermischten Aromen und noch knapp erkennbaren Einzelaromen entsteht. Ist das der Fall, wird das Aroma beim Essen ständig wechseln, was ausgesprochen spannend sein kann. Wenn nicht, überwiegt ein Mischgeschmack, der im Extremfall bei jeder Gabel, jedem Löffel gleich ausfällt. Auch das kann gut sein, ist aber sensorisch bei weitem nicht so interessant. Unter sensorischen Aspekten ist es durchaus interessant, wenn nicht alle Elemente in gleich große Würfel geschnitten, sondern einzelne von ihnen etwas größer, also zum Beispiel ein Viertel der Aprikosenwürfel doppelt oder dreimal so groß gelassen werden. Der Effekt bei der Garung wäre dann, dass die kleinen Würfel eher weich werden und nur ein wenig von ihrem Eigengeschmack erhalten bleibt, während die großen Würfel fester bleiben, daher länger zu zerkauen sind und folglich als Einzelaroma stärker auffallen.

Tomatentörtchen

Allgemeine Erläuterungen: Das folgende Rezept für ein Tomatentörtchen ist einigermaßen aufwändig, baut aber auf eine Reihe schon bekannter Details auf. Es kommt ganz ohne Fleisch oder Fisch aus und vereinigt dennoch eine große Bandbreite an Aromen. Törtchen dieser Art findet man üblicherweise eher in sehr guten Restaurants, die in der Lage sind, eine Zusammenstellung einer ganzen Reihe von Elementen, die alle einzeln hergestellt werden müssen, zu leisten. In der privaten Küche ist das Tomatentörtchen ein typischer Fall für eine mitlaufende Vorbereitung. Es gibt Elemente, die lange vor dem Essen vorbereitet werden können, es gibt Elemente, die einige Zeit vorher zubereitet werden können, und es gibt Elemente, die kurz vor dem Servieren zubereitet werden sollten. Insofern ist der Arbeitsaufwand in dem Moment relativ, wo man zur Vorbereitung weiterer Gänge ohnehin in der Küche arbeitet.

Für die Präsentation auf dem Teller empfiehlt sich dringend der Einsatz eines Ringes von etwa 9 cm Durchmesser. Diese **Anrichteringe** sind das „Geheimnis" vieler Präsentationen in der gehobenen Küche. Darin lassen sich die Zutaten präzise aufbauen, der Ring wird im letzten Moment vor dem Servieren hochgezogen. Was stehen bleibt, ist ein Törtchen oder auch eine Mousse mit einer schönen Dekoration. In guten Küchen findet sich eine ganze Reihe solcher Anrichtehilfen in allen möglichen Formen. Im Prinzip lässt sich das Tomatentörtchen natürlich auch von Hand aufbauen. Die Einzelteile nebeneinander auf einen Teller zu legen ist allerdings nicht das Gleiche: Der typische sensorische Effekt eines Törtchens ist eben, dass bestimmte Dinge gleichzeitig und in einer vorher bedachten Kombination gegessen werden.

Tomatentörtchen

Für 4 Törtchen

Zutaten Blätterteigboden:
1 Pckg. Blätterteig, tiefgekühlt
1 Ausstech-/Anrichtering, ca. 9 cm Durchmesser

Zubereitung: Den Blätterteig auslegen und mit dem Ring 4 Platten ausstechen. Den Ofen nach Angabe des Herstellers vorheizen, ansonsten auf 210 Grad. Die Platten auf Backpapier und eine glatte Fläche auslegen. Jede Platte 4 Mal mit einer Gabel einstechen. Mit einem flachen Tablett o.ä. bedecken, damit sie nicht aufgehen können. Entgegen der auf der Packung vorgegebenen Zeit etwa doppelt so lang backen. Der Blätterteig sollte leicht koloriert sein.

Erläuterungen: *Die Zubereitung eines* ***Blätterteiges*** *erfordert eine spezielle Technik, die an dieser Stelle nicht behandelt werden soll und nicht behandelt werden braucht, weil der hier eingesetzte Boden auch mit handelsüblichem Blätterteig gut hergestellt werden kann. Die sensorische Funktion des Bodens ist ein leicht krosses Element unter allem, das bei jedem Stück Tomatentörtchen mit aufgenommen wird. Zu diesem Zweck muss der Boden etwas stabiler sein als eine luftige und schnell zerbröckelnde Blätterteigschicht. Der Blätterteig darf also nicht so weit aufgehen, wie das üblich ist. Deshalb wird er nicht nur mit der Gabel mehrfach eingestochen, sondern auch beschwert. Alternativ zu dem flachen Tablett kann der Teig auch mit einem Stück Backpapier bedeckt und mit einem Bratrost beschwert werden. Für besonders präzise Arbeit wäre es eigentlich notwendig, einen Ring von 10 cm zum Ausstechen der Form zu haben. Der Grund: der Teig schrumpft ein wenig und ist so nicht ganz so groß wie die 9-cm-Form. Der fertige Blätterteig in dieser Technik ist übrigens ziemlich belastbar und hält sich etliche Stunden, ohne in größerem Umfang Feuchtigkeit zu ziehen.*

Mozarella-Creme

Zutaten: ca. 50 g Mozzarella
Walnuss, gemahlen
1 EL Olivenöl
Zitrone
Parmesan, gerieben

Zubereitung: Aus den Zutaten eine recht feste Creme anrühren. Dabei sind Walnuss und Parmesan die Hauptzutaten. Einige Spritzer Zitrone und 1 EL Olivenöl zufügen. Gekühlt bereithalten.

Erläuterungen: *Die relativ neutrale „Trägermasse" Mozzarella kann auch durch andere Frischkäse ersetzt werden. Die Kombination aus Walnusscreme und Parmesan liefert einen ganz speziellen aromatischen Hintergrund, der zusammen mit der Zitrone und einem prägnant frischen Olivenöl eine charakteristische Creme ergibt, die in vielen Bereichen (unter anderem zum Überbacken) sehr gut eingesetzt werden kann. Die Steifheit der Creme sollte so eingestellt werden, dass sie nicht am Löffel kleben bleibt.*

Geröstete Paprikastreifen

Zutaten: 2 Paprika, rot

Zubereitung: Den Ofen auf 150 Grad vorheizen. Die Paprika putzen, alle Kerne und weißen Stellen entfernen, dann in Viertel schneiden. Im Ofen etwa 35 Minuten vorgaren, anschließend die Haut abziehen. Die Viertel nochmals durchschneiden und auf einem Grill oder in einer Grillpfanne von beiden Seiten markieren, bis leichte Streifen vom Rösten sichtbar werden.

Erläuterungen zu den gerösteten Paprikastreifen:
Dieses Element ist ein sehr feines Element, das in jeder etwas fortgeschritteneren Gemüseküche einen festen Platz haben sollte. Das Rösten ergibt bei der Paprika eine ganz spezielle, sehr schön in das ursprüngliche Aroma eingebundene Note. Um die Haut besonders schonend zu entfernen, sollte die vorgeschlagene Technik angewendet werden und nicht etwa kräftiges Anbraten der Paprika in der Pfanne (was unter Umständen auch funktioniert).

▶▶

Tomatenconcassé

Zutaten: 3 Tomaten, mittelgroß
Maldon Sea Salt oder Fleur de Sel
Zitrone

Zubereitung: Die Tomaten vierteln, Stielansatz und Kerne entfernen und würfeln. Die Tomatenwürfel nochmals feiner hacken, dann mit Salz und Zitrone abschmecken. Die Zubereitung soll frisch schmecken.

Ofentomaten

Zutaten: 3 Tomaten, mittelgroß
Olivenöl
Fleur de Sel
Zitrone
Akazienhonig
einige Thymianblätter

Zubereitung: Die Tomaten am Fuß kreuzweise leicht einschneiden. In kochendem Wasser 15 Sekunden überbrühen, mit kaltem Wasser abschrecken und enthäuten. Den Stielansatz und die Kerne entfernen, dann in Achtel zerteilen. In eine Schale legen, mit etwas Olivenöl beträufeln, etwas Fleur de Sel und Zitrone dazugeben. Über alles sorgfältig einige Fäden Honig und die Thymianblättchen verteilen. Bei 90 Grad im Ofen konfieren, bis die Achtel ganz flach liegen.

Aufbau des Törtchens:

Zutaten: 1 Ring, ca. 9 cm Durchmesser
4 Oliven, schwarz
2 EL Basilikum, fein gehackt
etwas Basilikum, frisch, zur Dekoration
4 gestr. EL Pinienkerne, nicht zu dunkel geröstet

Reihenfolge je Törtchen:

1. Eine gebackene Blätterteigplatte in den Ring legen
2. eine dünne Schicht Mozzarella-Creme darauf verteilen
3. darüber eine Schicht geröstete Paprika, die Streifen passend zurechtgeschnitten
4. etwas Tomatenconcassé
5. eine etwas dickere Schicht Mozzarella-Creme
6. geröstete Pinienkerne, vermischt mit dem fein gehackten Basilikum
7. Ofentomaten, fächerförmig ausgelegt
8. in die Mitte eine Olive und ein oder zwei Blättchen Basilikum zur Dekoration

Erläuterungen: *Die Oliven sollten echte schwarze Oliven und keine gefärbten sein. Eine sehr gute Sorte sind Taggiasche-Oliven. Das Basilikum wird fein gehackt und nicht geschnitten, weil in diesem Fall nur ein Hauch von Basilikum-Aroma gebraucht wird und deshalb größere Stücke unerwünscht sind. Mit einer Schere sehr fein geschnittene Streifen Basilikum – die „normale" Technik für feine Dosierung – kann zu grob sein, weil diese Streifen in der Regel sehr schnell zusammenkleben und ebenfalls zu viel Aroma abgeben. Die Pinienkerne können vorbereitet werden.*

Sensorische Erläuterungen zum Tomatentörtchen: Das Tomatentörtchen wirkt sensorisch ausgesprochen vollmundig. Beim Essen einer Portion, die einen Schnitt durch alle Lagen macht, entsteht das Gefühl, im Mund sei einfach „sehr viel los". Der Grund für dieses Gefühl liegt nie in extremen Kontrasten, die meist ein sehr viel offeneres, weiteres sensorisches Bild erzeugen. Der Grund liegt in einer gewissen Mittigkeit, in der viele ähnliche sensorische Elemente zusammenkommen. Gemüse und Creme (sie sollte hier bei Zimmertemperatur eingesetzt werden und nicht gekühlt sein) vermischen sich schnell zu einem dichten Aromenmix, der den Kern der Wahrnehmung bildet. Dazu kommt der Blätterteigboden, dessen krosse, aber nicht sehr harte Textur keinen wirklichen Widerstand bietet, sondern ein wohltemperierter Begleiter ist. Die Wirkung der krossen Schicht soll in diesem Falle nicht so deutlich sein, dass sie zum Beispiel den Beginn des Essens sensorisch völlig dominiert, sondern sie soll in einer Art Begleitfunktion eine sensorische Ausweitung des Spektrums bewirken. Die weiteren Texturelemente sind ebenfalls nur so intensiv in der Wirkung, dass sie als kleine Aromenpunkte auftauchen und wieder vergehen. Dazu zählen die mild gerösteten Pinienkerne, die Olive oder die Deko-Blättchen Basilikum. Es braucht seine Zeit, bis man einen Mund voll von diesem Törtchen gegessen hat. In dieser Zeit ergibt sich ein ständiger Aromenwechsel zwischen den beteiligten Elementen.

Gewürzvarianten

Allgemeine Erläuterungen: Die Vielfalt der Tomate lässt noch eine ganze Reihe weiterer, sehr interessanter Verwendungen zu. Von diesen Möglichkeiten werden hier einige Beispiele vorgestellt und erläutert. Sie reichen von einem „Ingwerhuhn" mit einer Kombination von Tomate, Reisessig, Soja und Zitronengras über ein Wok-Gericht bis zu einem Tomaten-Mango-Kompott (als Beispiel für eine Unzahl weiterer Dessert-Verwendungen oder leicht süßer Beilagen) bis zu einem wunderbar frischen Tomatentatar, dessen Aroma ebenso ungewöhnlich wie hochfein ist.

Tomaten mit Reisessig, Soja und Zitronengras

Für 4 Personen

ALLGEMEINE ÜBERLEGUNGEN: Die Tomaten mit Reisessig, Soja und Zitronengras sind ein Mittelding zwischen einer Sauce und einem Kompott. Sie können vielfältig Verwendung finden – wie fast alle Tomatenzubereitungen. Das Beispiel mit einem Ingwerhuhn findet sich am Schluss des Rezeptes. Andere gute Verwendungen sind auch solche mit allen möglichen Sorten Fisch, darunter vor allem ganz leicht angebratene Filets.

ZUTATEN: 400 g Tomaten
5 Stängel Zitronengras
2 EL Olivenöl
2 EL Reisessig, braun
1 EL Sojasauce

ZUBEREITUNG: Tomaten vierteln, Stielansatz entfernen und entkernen. Eventuell anfallenden Saft und die Kerne beiseite stellen. Das Zitronengras auf etwa 10 cm kürzen. Den unteren Ansatz abschneiden, das oberste Blatt entfernen und die Enden etwa 5 cm aufspleißen. Olivenöl in einem mittleren Topf erhitzen. Die Tomatenwürfel dazugeben und schmelzen lassen, bis sie beginnen, ihr Wasser abzugeben. Reisessig und Sojasauce sowie den Tomatensaft und die Kerne hinzufügen. Bei geschlossenem Deckel mindestens 20 Minuten köcheln lassen. Dann Zitronengras herausnehmen und eventuell als Dekoration verwenden. Das Kompott nicht passieren!

Erläuterungen zum Beispielrezept: *Das Zitronengras wird wegen seiner faserigen Textur nicht mitgegessen. Weil es relativ hart ist, muss die Infusion in die Sauce bzw. das Kompott relativ lange dauern. Die angegebene Zeit ist ein absolutes Minimum. Es spricht nichts dagegen, sie wesentlich zu erhöhen und dabei natürlich die Flüssigkeit nur ganz minimal köcheln zu lassen, damit sie nicht zu weit reduziert. Wie bei allen Infusionen, so kann auch hier die Intensität überwacht werden. Das Olivenöl kann ein eher neutrales Öl von mittlerer Qualität sein. Sein Aroma spielt hier keine größere Rolle. Beim braunen Reisessig und der Sojasauce sollten unbedingt die Überlegungen in den Produktinformationen beachtet werden.*

VERWENDUNG: Die ideale Verwendung für diese „asiatischen“ Tomaten ist ein **Ingwerhuhn**. Dazu werden Hühnerkeulen enthäutet und in etwas Olivenöl mit kleinen Würfeln von Schalotten, Staudensellerie, Lauch, Karotten und frischem Ingwer (jeweils etwa die gleiche Menge, man kann sogar den Ingweranteil etwas erhöhen) leicht angebraten, bis sie etwas Farbe angenommen haben. Das Ganze wird mit einem trockenen Weißwein abgelöscht und bei geschlossenem Deckel langsam geschmort. Im Verlauf wird die Keule sehr hart. Etwas später wird sie dann aber wieder weich und ist servierbereit. Beim Anrichten werden die Schmorgemüse über das Huhn gegeben. Wenn die vergleichsweise einfache Sensorik dieses Gerichtes (das Huhn ist ziemlich weich und hat nur einen begrenzten Widerstand, die Tomatenzubereitung ist schmelzend bis flüssig) etwas aufgelockert werden soll, empfehlen sich einfache **Bratkartoffeln**, die mit wenig Fett möglichst kross gebraten werden sollten. Dabei muss beachtet werden, dass sie nicht zu dunkel werden, weil sich sonst Bitterstoffe entwickeln, die den Zusammenhang mit den anderen Elementen stören können.

Wok-Huhn mit Tomaten

Für 2 Personen

Allgemeine Erläuterungen/sensorische Erläuterungen: Die **Garung im Wok** gehört zu den sehr populär gewordenen neueren Küchentechniken. Der Grund für diese Popularität kann allerdings unter Umständen darin bestehen, dass der Eindruck entsteht, hier würde nur einfach alles zusammen hineingeworfen. Ein Wok-Gericht hat eben typischerweise eine ganze Anzahl von Elementen, die immer gemischt serviert werden und dadurch diesen Eindruck verstärken. Tatsächlich ist die exakte Kenntnis vom Funktionieren eines guten Wok-Gerichtes ein typischer Fall für ein deutlich entwickeltes Küchenverständnis. Kenntnisse von den Garzeiten der einzelnen Elemente und über die Auswirkungen diverser Saucen und Gewürze sind einfach notwendig. Man beginnt stets mit den Elementen, die eine längere Garzeit haben bzw. wenig empfindlich gegen längeres Garen sind. Der Aufbau des Wok-Gerichtes wird mit den Elementen beendet, die sehr wenig Garung abbekommen sollen und noch fast roh auf den Teller kommen. Sollen also Hühnerfiletstreifen mit kaum gegarten Sojasprossen kombiniert werden, so muss dem Huhn allerlei Zeit gegeben, die Sojasprossen aber erst ganz kurz vor dem Servieren einmal zum Erwärmen durchgeschwenkt werden. Ist zum Beispiel ein noch stärker verfeinerter Aufbau gewünscht, so kann ein Element zum Teil früh, zum Teil sehr spät dazugegeben werden, wodurch dasselbe Element in zwei Garzuständen erscheint. Das alles führt dazu, dass ein Wokgericht sensorisch sehr differenziert aufgebaut werden und außerdem natürlich wie ein Schmorgericht bei geschlossenem Deckel von dem ständigen aromatischen Dampfkreislauf profitieren kann. Allgemein eignen sich für Wok-Gerichte sehr viele Produkte. Beim Fleisch sollte darauf geachtet werden, dass von Natur aus zartes Fleisch (z. B. Filet) im Wok gut gerät, während andere Stücke (zum Beispiel Schweinegeschnetzeltes vom Kotelett) schnell zu fest werden und nur sehr kurz gegart werden können. Die gut geeigneten Stücke dürfen ruhig etwas länger im Wok garen, weil sie eben nicht fest werden, sondern eher etwas mürbe und damit ein wenig Ähnlichkeit mit geschmortem Fleisch bekommen. Sowohl eine kurze „A-point-Garung“ als auch eine längere ist realisierbar. Natürlich bleibt bei der kurzen Garung der Eigengeschmack des Fleisches besser erhalten.

Zutaten

1. Stufe: 300 g Hühnerbrust
Currypulver
60 g geputzte Zucchini-Streifen (von einer kleinen Zucchini)
30 g geputzter Lauch (von einer Lauchstange)
4–5 Tomaten, mittelgroß
1 EL Sesamöl
1 EL Sojasauce
3 EL Reisessig, braun
2 EL Ingwersirup

2. Stufe: 30 g Sojasprossen
2 EL Zucker

3. Stufe: 1 El Sojasauce
1 EL Reisessig, braun
2 EL Ingwersirup
30 g Sojasprossen
8 Kirschtomaten
2 geh. EL Korianderblättchen

Zubereitung: Elektro-Wok zum Anbraten des Hühnerfleisches auf 180 Grad aufheizen, danach bei etwa 140 bis 160 Grad weiterarbeiten. Die Hühnerbrust sorgfältig säubern und in Streifen von ca. 1 cm Dicke schneiden. Kräftig und sorgfältig mit Currypulver bestreuen. Die Zucchini auf etwa 10 cm schneiden, längs halbieren, aber nicht schälen. Das Kerngehäuse mit einem Löffel ausschaben und die Zucchini in feine Streifen schneiden. Vom Lauch nur den weißen Teil verwenden und auf ebenfalls etwa 10 cm kürzen und in feine Streifen schneiden. Die Tomaten vierteln, Stielansatz und Kerne entfernen, dann in Würfel schneiden.

1. **Stufe:** Das Sesamöl erhitzen. Die Hühnerstreifen darin leicht kolorieren. Gemüse dazugeben und kurz durchschwenken, dann die weiteren Aromen zufügen. Aufkochen, einige Male umrühren und bei geschlossenem Deckel etwa 7–8 Minuten köcheln lassen.

2. Stufe: Sojasprossen und Zucker dazugeben, umrühren, weitere 5 Minuten köcheln lassen.

3. Stufe: Die entstandene Flüssigkeit mit Sojasauce, Reisessig und Ingwersirup abschmecken. Danach die Sprossen und die Kirschtomaten dazugeben. Umrühren, aber den Deckel nicht mehr auflegen. Nach etwa 3 Minuten ist das Gericht fertig.

Kurz vor dem Servieren die Korianderblättchen einstreuen und einmal kurz umrühren.

Erläuterungen: *Zur Vereinfachung des Rezeptes ist hier eine Garung ausgewählt, die mit drei Stufen auskommt. Die Hühnerbrust sollte sorgfältig von allen Häuten und Fetträndern befreit werden, weil sich dann für alle Streifen ein ganz gleichmäßiges Garverhalten ergibt. Aus diesem Grund sollten die Streifen auch sehr regelmäßig sein. Das Currypulver kann kräftig dosiert werden, weil es nur teilweise am Fleisch hängen bleibt und zum größeren Teil in die Sauce übergehen wird. Unter „leichtem Kolorieren" sind die ersten Bratspuren am Fleisch gemeint. Das Fleisch wird zunächst hell und beginnt dann, Bräunungsspuren zu zeigen. Mehr ist insofern kontraproduktiv, als das Fleisch im Verlauf der Garung noch zusätzlich Aroma aufnehmen soll. Durch die Flüssigkeiten im Wok würde sich eine etwaige Bratkruste ohnehin mehr oder weniger auflösen. Die Gemüse, die zu Beginn hinzukommen, werden im Verlauf der Garung sehr weich. Sie nehmen ebenfalls viel Aroma von den Flüssigkeiten auf und schmecken dann eben nicht mehr wie Lauch allein, sondern wie Lauch plus Sojasauce und Reisessig usw.*

In der zweiten Stufe kommt die erste Portion Sojasprossen dazu. Diese Sprossen werden ein wenig Textur behalten. Die Zuckergabe an dieser Stelle dient der Erzielung der richtigen Süß-Sauer-Balance. Würde der Zucker beim Anbraten hineingegeben, so würde er eventuell karamellisieren, also unter Umständen leicht bräunlich werden und – je nach mangelnder Vorsicht – sogar dunkler und damit Bitternoten entwickeln. Zu dem jetzt gewählten Zeitpunkt bringt er einfach nur etwas Süße.

Bei der dritten Stufe ist die Vermischung der Aromen abgeschlossen, und es geht nur noch um die aromatische (durch Abschmecken) und die texturelle Vollendung (durch die späte Zugabe von Elementen, die fast roh erhalten bleiben sollen). Der Deckel wird nicht mehr aufgelegt, weil diese Elemente sonst wieder durch den Dampf-Kreislauf zu stark erhitzt werden würden. Die Kirschtomaten sind hier wieder die platzenden Kirschtomaten (siehe unter Nummer 12).

Ein spezielles Problem ist immer der ***Koriander*** *(als frisches Kraut). Dieses Kraut gehört zu den intensivsten Kräutern und kann viel Gutes bringen, aber auch viel kulinarisches Unheil anrichten, wenn es zu hoch dosiert wird und alle anderen Aromen überdeckt. Die späte Gabe in unserem Fall mildert das Problem dadurch etwas ab, dass die Blättchen untergerührt werden und sich dabei erwärmen und teilweise zusammenfallen. Dadurch nimmt ihr Aroma ab und passt sich besser in die Umgebung ein. Wenn nun – was ebenfalls ohne weiteres hier noch gemacht werden könnte – die Blättchen erst am Tisch auf den angerichteten Teller gestreut werden, verstärkt sich ihre Wirkung wiederum. Allgemein gilt, dass ein einzelnes Korianderblättchen auf der Gabel oder dem Löffel für fast alle Verwendungen die Maximaldosis ist.*

Tomaten-Mango-Kompott

Allgemeine Erläuterungen: Das Tomaten-Mango-Kompott ist eine schöne Kleinigkeit, die bei vielen Gerichten Verwendung finden kann. Es eignet sich ganz besonders als Ausgleich zu schon vorhandenen kräftig gewürzten Elementen, also zum Beispiel bei einem Gericht mit stark gewürztem Reis oder scharfen Gerichten aus dem orientalisch-asiatischen Raum.

Zutaten: 300 g Tomaten
2 EL Olivenöl
70 g Mangopüree (Handelsware)
1 geh. TL Tomatenmark
1 geh. TL Creme von getrockneter Tomate (s. Seite 104)
3 Prisen rosa Pfeffer
½ TL chinesisches 5-Gewürze-Pulver
evtl. Calendulablüten, getrocknet

Zubereitung: Tomaten vierteln, Stielansatz und Kerne entfernen, dann grob würfeln. Kerne und anfallenden Saft aufbewahren. In einem kleinen Topf das Olivenöl erhitzen. Tomatenwürfel zugeben und schmelzen lassen, bis sie beginnen, ihr Wasser abzugeben. Tomatenkerne und -saft durch ein Sieb in den Topf passieren, dabei gut ausdrücken. 5 Minuten weitergaren. Dann Mangopüree, Tomatenmark und die Creme von getrockneter Tomate dazugeben. Ab und zu umrühren, bis sich ein Kompott gebildet hat. Mit dem rosa Pfeffer und dem 5-Gewürze-Pulver abschmecken.
Wenn vorhanden, zum Servieren mit getrockneten Calendula-Blüten dekorieren.

Erläuterungen: *Die Aromatisierung dieses Kompotts erfolgt in zwei Richtungen. Zuerst wird das ursprüngliche Tomatenaroma durch das kräftige Tomatenmark und die Creme von getrockneten Tomaten (siehe Produktliste) erweitert. „Süße" Erweiterungen beim Tomatenmark (also zum Beispiel Ketchup) wären nicht so gut, weil durch das Mango-Püree bereits Süße vorhanden ist. Der entstehende Akkord zwischen dem erweiterten Tomatenaroma und dem Mangopüree wird durch den rosa Pfeffer sehr mild „angeschärft" und durch das Fünf-Gewürze-Pulver komplexer gestaltet. Wie immer, so sollte auch hier am Schluss ein Geschmacksbild stehen, das sehr geschlossen wirkt und in dem nicht zu erkennen ist, was eigentlich die Bestandteile sind. Das* ***Mischaroma*** *soll also quasi zu einem neuen, eigenständigen Aroma werden.*

Tomatentatar mit frischen Kräutern

Für 4 Personen als kleine Beilage

Allgemeine Erläuterungen: „Tatar“ ist eigentlich ein Begriff, der vom Fleisch her bekannt ist. Ein „Rindertatar“ ist immer ein fein gehacktes Fleisch, das ein wenig so aussieht, wie das „Gehackte“ aus der Metzgerei, das allerdings meist nicht gehackt, sondern durch den Fleischwolf gedreht ist. In der gehobenen Küche hat sich der Begriff im übertragenen Sinne für alle ähnlich zustande gekommenen Zubereitungen eingebürgert. Es gibt also auch zum Beispiel ein „Tatar von der Jakobsmuschel“.
Das Tomatentatar in dieser Form dürfte für alle, die so etwas noch nie gegessen haben, zu den größeren Überraschungen gehören, weil es ungemein fein und präsent schmeckt.

Zutaten: 200 g Tomaten, mittelgroß
Curry
Koriander, frisch gemahlen
Kardamom-Pulver
etwas Basilikum, frisch
etwas Minze, frisch
etwas Thymian, frisch
etwas Korianderblätter, frisch

Zubereitung: Die Tomaten am Stielansatz kreuzweise leicht einschneiden. 15 Sekunden in kochendem Wasser überbrühen. Entnehmen, unter kaltem Wasser abschrecken und dann enthäuten. Den Stielansatz und die Kerne entfernen. Sehr fein würfeln und dann nochmals hacken, bis eine formbare Masse entsteht. Mit den Gewürzen abschmecken, dann die fein gehackten Kräuter zufügen und untermengen. Das fertige Tatar in einem Sieb noch etwas abtropfen lassen.

Erläuterungen/sensorische Erläuterungen: Für das Tatar ist es nötig, die Haut der Tomaten abzuziehen, weil sonst nicht die nötige Mischung erzielt würde. Die Würfel ohne Haut lösen sich teilweise auf und machen das Tatar dichter. Eine **„Prise“** ist das, was ohne größeres Drumherum zwischen Daumen und Zeigefinger zu fassen ist. Im Lauf der Zeit gewöhnt man sich daran, was das genau ist, und weiß dann auch ziemlich sicher, wann man etwas zu viel genommen hat. Korianderpulver ist relativ leicht zu bekommen, sollte aber nach Möglichkeit durch frisch gemahlenes Pulver von Korianderkörnern aus der Mühle ersetzt werden. Dieses „Pulver“ fällt etwas gröber aus als das fein gemahlene, handelsübliche Pulver. Es verursacht dadurch einen schönen Effekt: Beim Biss auf ein kleines Stückchen ergibt sich einen kurzen Moment lang ein deutlicheres Koriander-Aroma. Dieses Aroma hat übrigens kaum Ähnlichkeit mit dem der frischen Korianderblätter. Charakteristisch für die Aromatisierung dieses Tatars ist die Arbeit an der Erzielung eines „frischen“ Eindrucks. Er kommt von den ätherischen Ölen der beteiligten Zutaten, also vom Kardamom, der Minze, dem Basilikum und dem Thymian. Das entstehende aromatische Spektrum ist frisch zu Beginn und würzig im Nachhall, wobei der Nachhall nicht nur von den Gewürzen, sondern auch von den Mikro-Kräuter-Elementen stammt.

Tomatenvariation

Allgemeine Erläuterungen: Unter **„Variationen"** von einem Produkt ist eine mehrteilige Kreation zu verstehen, in der das Produkt in verschiedenen Zubereitungsarten präsentiert wird. Eine solche Variation ist ein erhebliches Stück Arbeit, die unter normalen Umständen nur in professionellen Küchen mit dem entsprechenden Personal hergestellt werden kann, weil in diesen Küchen stets eine ganze Anzahl von Elementen vorrätig gehalten wird und diese so relativ einfach zu einer komplexen Variation zusammengestellt werden kann. Das sollte allerdings nicht von eigenen Versuchen abschrecken, weil es eben ganz auf die Details und die Organisation ankommt. Eine gute Variation sollte durchaus nach bestimmten Regeln zustande kommen. Es ist zum Beispiel nicht besonders beeindruckend, lediglich einmal einen simplen rohen Tomatensalat, dann eine Ofentomate und als drittes Element eine Tomatensuppe anzubieten. Eine gute Variation sollte so beschaffen sein, dass ihre Elemente trennscharf voneinander wirklich unterschiedliche Aromen rund um das Hauptprodukt präsentieren, wobei es besonders interessant ist, wenn es eine Mischung aus optimierten klassischen Zubereitungen und kreativen Ideen gibt. Im folgenden Beispiel sind verschiedene Elemente zusammengefasst, die bereits einzeln erläutert wurden. Es ist durchaus möglich, diese anspruchsvolle Variation auch im häuslichen Rahmen zu verwirklichen. Wie das funktionieren kann, wird im Anschluss an die Anmerkungen zu den einzelnen Elementen erläutert. Dabei spielt vor allem eine Rolle, welche Elemente lange vorher zubereitet werden können.

Die Tomatenvariation kann auch in mehreren Ausbaustufen realisiert werden, die jeweils einen deutlich unterschiedlichen Arbeitsaufwand haben. Auch dabei ist vor allem wichtig, dass trennscharfe Elemente ausgewählt werden.

Die Elemente sind:

ELEMENT 1: *Ein Tomatentörtchen (Nr. 17) mit einem Coulis Tomate-Olive (Nr. 5)*
Dazu wird das Tomatentörtchen verkleinert auf einen Ring von 5–6 cm Durchmesser mit einem entsprechend kleineren Blätterteigboden. Die abschließenden Ofentomaten werden nicht fächerförmig im Kreis, sondern schuppenförmig angeordnet. Zusätzlich wird als Sauce das Coulis Tomate-Olive verwendet.

ELEMENT 2: *Eine Frischkäserolle mit getrockneten Tomaten, getrockneter Tomatenhaut und Creme von getrockneten Tomaten (Nr. 13)*
Für die Frischkäserolle am besten einen eher neutralen und frischen Ziegenkäse (z.B. Picodon) verwenden. Den Käse mit etwas Olivenöl, einer Prise Zucker und einigen Tropfen Zitrone zu einer geschmeidigen Paste rühren. Zu einer Rolle von etwa 2 cm Dicke und 8 cm Länge formen und in diese Rolle in regelmäßigem Abstand drei Scheiben getrocknete Tomate stecken. Zwischen die Scheiben kommt ein Tupfer Creme von getrockneter Tomate, die Enden werden vorsichtig mit etwas getrockneter Tomatenhaut dekoriert.

ELEMENT 3: *Ein Tomatentatar (Nr. 18) und eine Scheibe Tomatenbrot (Nr. 13)*
Beide Elemente werden exakt wie beschrieben eingesetzt. Das Tatar muss in diesem Falle sorgfältig abgetropft werden, damit das Brot nicht aufweicht.

ELEMENT 4: *Ein Tomatensalat mit Texturen (Nr. 1)*
In dieser Verwendung werden von der Tomate keine Stücke, sondern Würfel von versäuberten Tomaten eingesetzt. Sie werden nicht nur mit den genannten Texturelementen vermischt, sondern zusätzlich noch mit etwas fein gehackten Kräutern und – obenauf – mit einer erhitzten Kirschtomate ergänzt.

ELEMENT 5: *Ein Tomateneis im Glas (Nr. 15)*
Das Tomateneis kommt unverändert zum Einsatz. Für die Variation sollte es eine ganz leicht angeschmolzene Konsistenz haben.

ELEMENT 6: *Ein Tomatensaft mit Ingwer, Vanille und Curry I (Nr. 9)*
Der Tomatensaft kommt unverändert zum Einsatz. Er sollte in Kombination mit dem Tomateneis Zimmertemperatur haben.

ELEMENT 7: *Eine kleine Portion vom Tomatenragout im Schmortopf (Nr. 12)*
Das Ragout muss auch für den Einsatz in der Variation so zubereitet werden wie beschrieben und kann nicht in einer kleineren Portion zubereitet werden. Das ovale Schmortöpfchen dient nur der Präsentation. Es sollte alle Elemente enthalten, die im Schmortopf vorkommen, mit einem leichten Übergewicht an Tomatenelementen.

Erläuterungen zum möglichen Arbeitsablauf: *Bei den einzelnen Elementen und ihren Teil-Elementen wird unterschieden zwischen solchen, die schon einen oder mehrere Tage im Voraus hergestellt werden können, solchen, die Stunden im Voraus (also zum Beispiel am Vormittag für ein Abendessen), und solchen, die mehr oder weniger frisch hergestellt werden müssen. Der Grund ist der, dass die frisch zuzubereitenden Elemente bei Lagerung stark an Qualität verlieren würden, während die lange vorher bereiteten Elemente sich in ihrer Qualität nicht verändern.*

Am Vortag herstellbare Elemente sind z.B.:
› die getrockneten Tomaten
› die getrocknete Tomatenhaut
› das Tomateneis

Einige Stunden im Voraus herzustellenden Elemente sind zum Beispiel:
› das Coulis Tomate-Olive
› verschiedene Teilelemente des Tomatentörtchens wie die Creme, die Ofentomaten, die konfierte Paprika und der Blätterteigboden
› das Tomatentatar (allerdings nicht zu lange vorher, weil die frischen Kräuter sonst etwas an Frische einbüßen)
› das Tomatenbrot
› der Tomatensaft mit Ingwer, Vanille und Curry (vor dem Servieren gut umrühren, weil sich die Gewürze am Boden abgesetzen können)

▶▶

Passend zum Servieren herzustellende Elemente sind:

› das Tomatenragout (sollte so angelegt werden, dass es gerade fertig ist, wenn serviert wird)
› die Fertigstellung des Törtchens
› die Frischkäserolle für die getrockneten Tomaten etc.
› der Tomatensalat

Aus dieser Aufstellung sollte klar geworden sein, dass sich der Aufwand dann in den Griff bekommen lässt, wenn die Arbeit zeitlich verteilt wird. Eine solche Tomatenvariation ist natürlich ohne weiteres auch als Hauptgericht in einem kleinen Menü oder auch als Einzelessen einzusetzen.

Verkürzte Varianten der Tomatenvariation: Eine Verkürzung der Variation kann in verschiedene Richtungen gehen. Es ist zum Beispiel möglich, eine Variation zusammenzustellen, die komplett vorbereitet ist und nur noch minimale Arbeiten vor dem Servieren erfordert. Dazu würden dann das Tomateneis, das Tomatentatar und der Tomatensaft gehören. Wegen gewisser Ähnlichkeiten wäre dies vielleicht eine Variation für den Sommer, weil alle Elemente kühl bis kalt serviert werden.
Etwas breiter im sensorischen Spektrum wäre eine Variation mit der Frischkäserolle, den getrockneten Tomaten und der getrockneten Tomatenhaut, dem Tomateneis und dem Tomatenragout.
Für eine vielfältige, aber nicht zu arbeitsaufwändige Variation müsste auf das Tomatentörtchen und das Tomatenragout verzichtet werden – dann wären aber keine warmen Elemente mehr vorhanden. Das wiederum ließe sich beheben, indem zum Beispiel die Ofentomate mit einem der anderen Elemente verbunden wird (zum Beispiel: Tomatentatar, Tomatenbrot und Ofentomate).

Sensorische Erläuterungen zur Tomatenvariation: Die Tomatenvariation ist unter sensorischen Aspekten gesehen natürlich extrem vielfältig. In ihr wird ein breites Spektrum an Texturen, Temperaturen und Aromen zusammengeführt, von den getrockneten Tomaten über das Tomateneis bis zum Schmorgericht oder dem komplexen Tomatentörtchen. Man sollte eine solche Variation nicht Stück für Stück aufessen, sondern sich vielleicht rundum zuerst einen Eindruck von den einzelnen Elementen verschaffen. Danach sollte dazu übergegangen werden, bestimmte Teile gezielt nacheinander zu probieren, um den Gewürzraum-Effekt (siehe unter Nummer 8) auszunutzen. Bei der großen Anzahl von Variationen ergibt sich letztlich eine solche Vielfalt möglicher Kombinationen und Reihenfolgen, dass die Möglichkeiten gar nicht auszuschöpfen sind. Speziell der Wechsel zwischen rohen und gegarten Elementen, also zwischen warm und kalt, dann aber auch zwischen hart/kross und schmelzend weich kann ganz gezielt ausprobiert werden und liefert immer wieder unterschiedliche Wahrnehmungen.

Tomatencocktail mit dreierlei Tomatenzubereitungen

Allgemeine und sensorische Erläuterungen: Der Begriff **„Tomatencocktail"** ist ein weiterer Begriff, der im übertragenen Sinne benutzt wird, und das vor allem in der Spitzenküche. Es handelt sich hier nicht um ein Getränk aus dem Bar-Bereich, sondern um eine Bezeichnung, die sich auf das typische Cocktailglas bezieht. Dessen dreieckige Form ermöglicht eine ganz spezielle Art des Probierens von mehreren, nicht flüssigen Schichten spezieller Tomatenzubereitungen. Allgemein erhält man in der kreativeren Küche heutzutage, wenn einem ein meist etwas schmaleres Gläschen mit erkennbar verschiedenen Schichten vorgesetzt wird, immer wieder den Hinweis, doch mit dem Löffel „ganz nach unten durchstoßen". Warum? Weil sich dann auf dem Löffel beim Herausziehen Material aus verschiedenen Schichten befindet und dieses Material zusammen einen speziellen Akkord ergibt. Das ist auch der Grund für das Beispielrezept, wobei die Form des Cocktailglases noch für eine weitere Spezifität steht: Durch das unterschiedliche Volumen der Schichten ergeben sich auf dem Löffel unterschiedliche Proportionen. Wenn der Cocktail verzehrt wird, teilt sich von der untersten Schicht normalerweise am wenigsten mit, von der obersten am meisten. Um einen ausgewogenen Akkord zu erhalten, ist die unterste Schicht am kräftigsten aromatisiert, und nach oben hin werden die Aromen immer „leichter". Würden die gleichen Gelees in einem Glas angeordnet sein, das gerade ist, müsste die Aromatisierung anders gestaltet sein, um Ausgeglichenheit zu erreichen.

Neben der aromatischen Balance gibt es aber auch noch spezielle texturelle Reize durch eine unterschiedliche Dichte der Schichten. Das Gelee mit Balsamico und Oliven ist recht fest und hat sogar ein wenig Biss. Das Safrangelee ist schmelzend, hat aber etwas Biss durch die eingelagerten Gemüsestückchen. Die Tomatensahne schmilzt noch leichter als das Safrangelee, und die Air schließlich hat nur einen Hauch von Aroma, das ganz zu Beginn wahrgenommen wird. Diese **unterschiedlichen Schmelzpunkte** haben einen ganz klaren sensorischen Effekt: Sie vermitteln den Eindruck von Länge, bei dem sich die schmelzenderen Teile in der Reihenfolge ihrer Dichte auflösen. Die festeren Elemente (Gemüsestückchen, Olivenstückchen) sind in diesen Schmelzprozess eingebunden. Für das „Mundgefühl" bedeutet das neben der Nachhaltigkeit also auch Vollmundigkeit.

Tomatencocktail mit dreierlei Tomatenzubereitungen

Für 2 Personen

Material: klassische Cocktailgläser

Tomatengelee mit Oliven und Balsamico

Zutaten (unterste Schicht):
wie „Festes Tomatengelee mit Balsamico“
(s. Nr. 14, Seite 67)
Oliven, schwarz

Zubereitung: Ein „Festes Tomatengelee mit Balsamico“ (s. Nr. 14, Seite 67) herstellen. Statt eines einfacheren Balsamicos kann hier auch eine bessere Sorte mit etwas mehr Süße genommen werden. Die Olivenstückchen in das Gelee geben, wenn es bereits leicht abgekühlt ist. Die Cocktailgläser zu etwa einem Drittel mit dem Gelee füllen.

Safran-Tomatengelee mit Gemüsestückchen

Zutaten (mittlere Schicht):
wie „Safran-Tomatengelee“ (s. Nr. 14, Seite 69)
etwas Karotte, fein gewürfelt
etwas Staudensellerie, fein gewürfelt
etwas Lauch, fein gewürfelt

Zubereitung: „Safran-Tomatengelee“ (s. Nr. 14, Seite 69) herstellen. In das schon leicht abgekühlte Gelee einige Karotten-, Staudensellerie- und Lauchwürfel geben. Anschließend auf die erste Schicht in die Gläser geben. Darauf achten, dass die Gemüsewürfel gleichmäßig verteilt sind.

Rosa Tomatensahne

Zutaten (oberste Schicht):
Wie Tomatensahne (s. Nr. 15, Seite 71)

Zubereitung: Tomatensahne wie bei Nummer 15 (Seite 71) herstellen. Dabei unter Umständen den Anteil an Passato etwas erhöhen, um einen klareren rosa Farbton zu erreichen.

Weiße Tomaten-Air

Zutaten (Deko-Schicht):
wie „Tomaten-Air I“ (s. Nr. 15, Seite 75)

Zubereitung: Zubereitung wie bei Nummer 15, „Tomaten-Air I“ (s. Seite 75)

Aufbau und Fertigstellung Tomatencocktail von dreierlei Tomatenzubereitungen:

Zutaten: Basilikumblätter, klein
Orangenzesten
Zitronenzesten

Fertigstellung: Kurz vor dem Servieren, wenn die unteren beiden Geleeschichten fest sind, die Tomatensahne als dritte Schicht einfüllen. Sie kann mit einer Spritztülle eingefüllt werden oder vorsichtig mit einem Löffel, sollte aber in jedem Falle nach oben etwas spitz zulaufen. Die oberste Spitze leicht flach andrücken. Zum Abschluss die Tomaten-Air herstellen und unmittelbar vor dem Servieren auf die Spitze geben. Mit Basilikum dekorieren und einige Zesten Orange und Zitrone über alles streuen.

Erläuterungen zum Tomatencocktail: *Die Arbeit an dem Tomatencocktail ist technisch nicht ganz so schwierig, wie sie auf den ersten Blick wirkt. Die richtige Dosierung der Geliermittel hilft dort erheblich weiter und lässt den Schichtaufbau ohne Probleme möglich werden. Finesse im Geschmack andererseits ist etwas schwieriger zu bewerkstelligen und stellt sich erst dann ein, wenn das Abschmecken der einzelnen Elemente fein aufeinander abgestimmt ist. Die dann mögliche hervorragende Qualität lässt sich allerdings kaum durch die genaue Dosierung der Zutaten in den Griff bekommen, weil auch die Zutaten eben zu einem gewissen Teil unterschiedlich sein können.*

Es kommt also darauf an, jedem Element trennscharf seinen eigenen Charakter zu geben, und zwar am besten so, dass sich keine Überschneidungen bilden, sondern Ergänzungen. Im Prinzip ist das wie in der Musik bei einem guten Stereo-Panorama: Am beeindruckendsten ist immer eine schöne Räumlichkeit mit tiefen Bässen, silbrigen Höhen und einer schönen Breite ... Bei komplexeren Konstruktionen wie diesem Cocktail kann kaum auf Anhieb die endgültige Version ermittelt werden, vor allem dann nicht, wenn man so etwas noch nie gemacht hat. Aber durch konzentriertes Probieren der einzelnen Elemente: Wenn man zum Beispiel mit dem kräftigsten Element beginnt (also dem festen Gelee mit Oliven), sollte man sich beim Probieren bereits ganz klar machen, wie kräftiges nun eigentlich ist, wie hoch die Wirkung vom Balsamico ist oder wie würzig die Schnipsel Olive wirken. Beim Abschmecken der nächsten Elemente wird die Erinnerung daran in die Überlegung einfließen, was wie mit dem ersten Gelee zusammenwirkt. Auf diese bewusste Weise – die später fast automatisch angewendet wird – setzt sich eine komplexere Komposition Stück für Stück so zusammen, dass etwas wirklich Spezielles entsteht. Es ist auch zum Beispiel notwendig, selbstkritisch genug an die Ergebnisse heranzugehen. Auch wenn ein erstes Ergebnis schon sehr gut gefällt, sollte dennoch eine kritische Reflexion nie vergessen werden. Nur so entsteht wirklich Qualität.

Klare Tomatensuppe mit verschiedenen Tomatengelees, Fisch und Meeresfrüchten

ALLGEMEINE ERLÄUTERUNGEN: Auch bei diesem komplexen Gericht mit einer ganzen Reihe von interessanten Aspekten der verschiedensten Art geht es wieder darum zu klären, was denn nun eigentlich schwierig ist. Amateurköche haben oft die Vorstellung, es sei vor allem schwierig, eine Zwiebel so schnell zu zerlegen wie ein Meisterkoch im Fernsehen. Oder es sei schwierig, eine bestimmte Terrine herzustellen, bei der die aufgeschnittene Scheibe ein ganz regelmäßiges Muster hat. Das ist ein Missverständnis. Natürlich weiß ein Laie im ersten Moment überhaupt nicht, wie denn so etwas herzustellen sei. Tatsächlich sind diese Dinge reines Handwerk, das normalerweise ohne Probleme zu erlernen ist. **„Schwierig"** ist eher das, was neben dem Handwerk auch noch ein tieferes Verständnis für größere Zusammenhänge braucht. Auch das kann natürlich zum größeren Teil erlernt werden, aber man benötigt dafür sehr viel mehr Kenntnisse. Insofern sind komplexe Gerichte also doch schwierig, weil sie neben einem größeren Arbeitsaufwand die Fähigkeit zur Beherrschung differenzierter kulinarischer Zusammenhänge brauchen. Grundlage dafür sind Überlegungen zu den Elementen, die auf einem Teller zusammenkommen. Das Problem ist, dass es dabei fast unbegrenzte Möglichkeiten gibt, weil es unzählige Kombinationen gibt, die einigermaßen zusammenpassen. Es sind tatsächlich die merkwürdigsten Dinge miteinander zu kombinieren, ohne dass es als wirklich störend empfunden wird. Wer einmal nachfragt, was denn hier und da bei den ganz normalen Leuten zu Hause gemeinsam auf einer Gabel landet, kann nur über die **Kombinationen** staunen. Gurke mit Marmelade oder Früchte mit Senf sind da noch die harmloseren Sachen – ganz zu schweigen von dem Ketchup, der gnadenlos für alles und jedes verwendet wird. Darf also alles kombiniert werden, wie es einem gerade passt?
Im Prinzip ja, und bei allen Bemühungen um eine hochwertige Kochkunst sollte dieses Prinzip auch nie ganz vergessen werden. Was letztlich „gut" ist, ist eine Frage der Vereinbarung zwischen Menschen. Wenn also wie hier über kulinarische Kompositionen von einiger Komplexität nachgedacht wird, hat das immer etwas damit zu tun, was von Meisterköchen auf der ganzen Welt für gut gehalten wird. Es hat sich eben ein Verständnis vom guten Geschmack herausgebildet, das von den Köchen innerhalb des Kulturkreises, der von der klassischen französischen Spitzenküche inspiriert ist, praktiziert wird. Ob das so sein muss, ist hier nicht die Frage. Wir gehen heute aufgrund unserer kulinarisch-kulturellen Prägung davon aus, dass ein Stück Fischfilet mit einer leicht zitronigen Butter- oder Sahnesauce gut zusammenpasst.
Japaner oder Chinesen sehen das unter Umständen ganz anders. Festzuhalten ist also: Es geht auch alles anders, aber die Ernsthaftigkeit und Überzeugungskraft einer Küche steigt natürlich ganz erheblich, wenn sie wirklich intelligent und ausgetüftelt ist.
Ein wichtiger Begriff in diesem Zusammenhang ist der Begriff **„Subtilität"**. Subtilität stellt sich dann ein, wenn die Elemente einer kulinarischen Komposition präzise aufeinander abgestimmt sind und sich durch diese präzise Abstimmung ein Zusammenwirken ergibt, das ohne diese Feinabstimmung nicht da wäre. Eine solche feine Abstimmung ergibt sich erst in einem etwas fortgeschrittenen Stadium des Kochens, weil eben nicht nur erkannt werden muss, was da auf dem Teller vor sich geht, sondern auch Mittel und Wege bekannt sein sollten, diesen Prozess zu steuern. Und der Koch ist bei diesen Überlegungen umso erfolgreicher, je mehr es ihm gelingt, genau nachzuvollziehen, wie ein Gericht gegessen wird und was der Gast vermutlich damit anstellen wird. Er muss sogar daran denken, dass es Gäste gibt, die ein Gericht von links nach rechts essen und keinerlei Anstalten machen, das wirklich wahrzunehmen, was der Koch sich bei der Zusammenstellung gedacht hat.
Das folgende Beispielrezept ist handwerklich sicherlich aufwändig, bietet aber alle Möglichkeiten, ein komplexes und subtiles Essen herzustellen, bei dem letztlich jeder Löffel anders schmeckt und bei dem sich eine große Anzahl von Kombinationen bilden lassen.

Klare Tomatensuppe mit verschiedenen Tomatengelees, Fisch und Meeresfrüchten

Für 4 Personen

VORBEREITUNG: Herstellung des klaren Tomatenwassers (s. Nr. 14, Seite 68)

ANMERKUNG: Die Menge an Tomatenwasser, die erzielt werden kann, ist sehr stark vom Wassergehalt der Tomate abhängig. Für dieses Rezept ist etwa eine Menge Tomatenwürfel notwendig, die zwei große Siebe füllt.

Die Tomaten auf einem Tablett (o.ä.) würfeln und nochmals mit einem großen Messer hacken. Die Würfel mit dem entstandenen Wasser in ein oder zwei große, mit einem Passiertuch ausgelegte Siebe über eine Schüssel geben. (Alternativ kann man alle Tomatenwürfel in ein großes Passiertuch geben, dieses zubinden und über einer Schüssel über Nacht abtropfen lassen). So entsteht ein klares Tomatenwasser und darunter ein leichter Bodensatz. Die Flüssigkeit vorsichtig so abgießen, dass zunächst ein klares Tomatenwasser ohne Bodensatz-Elemente entsteht („erster Abguss"). Für den zweiten Abguss das Passiertuch kräftig ausdrücken und mit dem Bodensatz zusammen durch ein feines Sieb laufen lassen, das mit etwas Gaze ausgelegt ist.

VORBEREITUNG: Herstellung der Gelees

Für die untere Schicht des Gelee-Türmchens ein „Festes Tomatengelee mit Balsamico" (s. Nr. 14, Seite 67) vorbereiten. Das Gelee muss in eine Form gegeben werden, die das Ausstechen von 4 Ringen mit einem Durchmesser von 5 cm und einer Geleedicke von 1,5 cm ermöglicht. Für die obere Schicht ein „Klares Tomatengelee" vom zweiten Abguss (siehe Nummer 14, Seite 68) vorbereiten, das mit etwas Zitrone angereichert wird. Dieses Gelee muss wiederum in eine Form gegossen werden, aus der man vier Ringe mit einem Durchmesser von 5 cm und einer Geleedicke von 0,8 mm ausstechen kann. Die Gelee-Würfel oben auf dem Türmchen werden ebenfalls vom „Festen Tomatengelee mit Balsamico" geschnitten und mit etwas Rosmarin, Balsamico sowie mit Orangen- und Zitronenzesten dekoriert.
Das Gelee auf dem Fisch ist ein Safran-Tomatengelee (s. Nr. 14, Seite 69), das gut vorgekühlt sein muss.

▶▶

ZUTATEN SUPPE:
600–800 ml klares Tomatenwasser
1 EL Zucchini, sehr klein gewürfelt
1 EL Apfel, sehr klein gewürfelt
1 EL Staudensellerie, sehr klein gewürfelt
1½ EL Tomatenwürfel

ZUBEREITUNG SUPPE: Das Tomatenwasser vorsichtig erwärmen. Es darf nicht kochen! Die Gemüsewürfel hinzufügen, garen und anschließend kalt stellen.

ZUTATEN FISCH UND MEERESFRÜCHTE:
Pro Teller je
1 Fischfilet (z.B. Kabeljau oder Steinbutt, Seezunge, St. Petersfisch, Seeteufel)
1 Garnele
einige Muscheln, gemischt (frisch oder aus der Dose)
evtl. 1 Jakobsmuschel
Butter
Olivenöl
2 l Court-Bouillon
Zitrone

ZUBEREITUNG FISCH UND MEERESFRÜCHTE: Den Fisch ohne Haut in einem Mix aus Butter und Olivenöl bei mittlerer Hitze ohne Hast garen. Die Garnelen in einer Court-Bouillon garen (siehe zusätzliche Grundzubereitungen), die Muscheln in Fischfond mit etwas Butter und Zitrone ein wenig ziehen lassen, ohne zu kochen.

ZUTATEN FERTIGSTELLUNG:
1 EL Thymianblättchen, gezupft

FERTIGSTELLUNG: Die Teller und die Suppe dürfen zum Anrichten nur warm sein, weil sonst das Gelee angegriffen werden könnte. Zuerst das Gelee-Türmchen aufbauen mit der dunklen Scheibe zu unterst, der hellen Scheibe direkt darauf und einem dekorierten Gelee-Würfel ganz oben.
Den Fisch auf einem Küchentuch gut abtropfen lassen und auf der anderen Seite des Tellers platzieren. Garnele und Muscheln ebenfalls abtropfen lassen und mit den kalten und rohen Gemüsewürfeln in den Teller legen. Im letzten Moment die Suppe angießen, eine Nocke Safran-Gelee auf den Fisch setzen und über alles die Thymian-Blättchen streuen.

Erläuterungen/sensorische Erläuterungen zur Klaren Tomatensuppe mit verschiedenen Gelees, Fisch und Meeresfrüchten: Für die übereinander geschichteten Gelees ist natürlich auch eine kleinere oder größere Dimension möglich, falls es schwierig sein sollte, die entsprechenden Ringgrößen zu bekommen. Das „Anreichern" des klaren Gelees von Tomatenwasser mit etwas Zitrone dient der besseren Unterscheidung von dem Tomaten-Balsamico-Gelee. Der Kontrast wird etwas größer und der Akkord dadurch breiter.
Die Gemüsewürfel werden aus zweierlei Gründen nicht mitgegart. Einmal soll das von Natur aus quasi perfekte Tomatenwasser nicht durch andere Aromen gestört werden, zum anderen haben die rohen Gemüsewürfel eine klare sensorische Funktion. Gegarte Würfel hätten in jedem Falle (also gleichgültig, ob sie in Wasser oder in einer Suppe gegart wären) ihr Aroma deutlich verändert, weil sie es entweder an die flüssige Umgebung abgegeben hätten (im Falle des Wassers) oder von der Umgebung aromatisiert worden wären (im Falle der Garung in Suppe oder Fond etc.). Die rohen Würfel haben ihr eigenes Aroma noch vollständig und sind gleichzeitig ein interessanter sensorischer Effekt, weil es plötzlich einen Moment lang nach Zucchini, Apfel oder Staudensellerie schmeckt. Das Tomatenwasser sollte nicht kochen, weil die Gefahr besteht, dass es aufschäumt und etwas von seiner Klarheit verliert.
Die Fischauswahl kann so groß sein wie angegeben. Abzuraten ist aber in diesem Zusammenhang von Fischen wie Lachs, Rotbarbe oder Makrele, die hier zu dominant wären. Sie würden nicht schlecht schmecken, aber die feine aromatische Balance etwas stören. Diese Balance ist auch der Grund dafür, dass die Fische dezent gegart werden, also keine Kruste bekommen sollen. Die Fettmenge zum Braten sollte in diesem Fall etwas größer bemessen werden und den ganzen Boden der Pfanne bedecken, weil der Fisch bei wenig Fett relativ schnell die hier unerwünschte Bratenkruste bekommt.
Die Muscheln sollten nur ziehen, weil sie sonst schrumpfen (sich zusammenziehen) und dabei fester werden. Sie verändern bei diesem Prozess der Eiweißgerinnung ihren Geschmack und verlieren dadurch an Qualität.

Beim Essen wird quasi bei jedem Löffel eine andere Kombination erzielt. Das Gericht eignet sich ganz hervorragend zu einer ganzen Reihe von sensorischen Studien.
Die Kombination des leicht elastisch-festen, aber schon bei geringem Druck sich zerteilenden Fisches mit den verschiedenen Gelees erbringt eine jeweils unterschiedliche Dauer in der Begleitung durch diese Gelees. Das Safrangelee sollte sehr kühl sein und erst im allerletzten Moment (eventuell sogar erst auf dem Tisch) auf den Fisch gegeben werden, weil es sonst zu schnell schmilzt. In solchen Fällen ist es zum Beispiel sogar angebracht, die Gäste auf diesen Effekt hinzuweisen. Sie können dann zuerst einmal ein Stückchen Fisch mit dem schmelzenden Safran-Gelee probieren. Die beiden anderen Gelees sind fester, begleiten also zum Beispiel den Fisch deutlich länger. Im Endeffekt kann es je nach Fisch so sein, dass die festeren Gelees sich genau so lange im Mund halten wie der Fisch. Das ist bei der Kombination Garnele – Gelees anders, weil die Garnele bei normaler Garung fester ist, regelrecht zerkaut werden muss und dadurch ein anderes Verhältnis zu den Gelees hat. Hier wird in der Regel die Garnele länger im Mund präsent bleiben als die Gelees. Das Verhältnis Tomatensuppe – Gelees ist deutlich anders. Da die Suppe nur warm ist, lösen sich zumindest die festeren Gelees nicht so schnell auf. Hier bildet sich zwischen den zerkauten und anschmelzenden Gelees und der Suppe ein sehr schöner Akkord, der sich zunehmend mischt. In diesem deutlich wahrnehmbaren Akkord bilden die Gemüsestückchen kleine aromatische Blitze, die für einen Moment das andere Geschehen in den Hintergrund drängen. Das Gleiche wie für die Gemüsewürfel gilt auch für die kleinen Thymianblättchen. Auch sie sind für kurze aromatische Momente gedacht und sollten deshalb so fein gezupft werden, dass nicht mehrere Blättchen zusammenhängen. Dann besteht sofort die Gefahr, dass ihr kräftiges Aroma alles andere überdeckt.
So weit einige Anmerkungen zur Mechanik eines sensorisch komplexeren Gerichtes. Im Umkehrschluss lässt sich dann natürlich aus diesen Beobachtungen auch eine Art Programm für die Entwicklung sensorisch komplexerer Gerichte ableiten. In diese Kreation könnten zum Beispiel auch noch krosse Elemente eingebaut werden, also etwa ein paar hauchdünne Kartoffelchips oder nachhaltigere Nussstückchen. Die Sensorik des Gerichtes würde dadurch noch weiter belebt. Trotzdem ist dies hier nicht geschehen. Gibt es dafür vielleicht Gründe?
Ja, und diese Gründe sind durchaus so, dass hier von der Verwendung intensiv krosser Elemente Abstand genommen werden sollte. Fisch plus Nuss oder Kartoffelchip bedeutet einfach, dass die Wahrnehmung durch den Kross-Effekt stark dominiert wird und man unter Umständen längere Zeit auf einer Nuss kaut, während im Hintergrund der Fisch sich – ohne dass sein Aroma tatsächlich wahrgenommen wird – auflöst und verschwindet. Bei der Komposition eines Gerichtes auch an die Sensorik zu denken bedeutet eben nicht, möglichst viel intensive sensorische Erlebnisse möglich zu machen, sondern mit einer aktiv geplanten Sensorik die Aromen zu unterstützen und zu inszenieren. Der sensorisch interessante Aufbau eines Gerichtes gehört deshalb zu den schwierigsten und interessantesten Dingen, die beim Kochen zu lernen sind. Gleichzeitig ist dies der Einstieg in die Zukunft der entwickelten Küche, ein Einstieg, der auch von vielen hervorragenden Köchen oft noch nicht richtig verstanden wird. Aber – auch die entwickelte Sensorik ist ohne weiteres ein Punkt, mit dem sich die Liebhaber der Kochkunst beschäftigen können, weil sie in jedem Schwierigkeitsgrad realisierbar ist und in der Komplexität parallel zur Entwicklung der anderen Küchen-Kenntnisse laufen kann.

Wolfsbarsch mit Artischocken, Scheiben von Kapernbeeren, warmen Kirschtomaten und Coulis Tomate-Olive

Für 4 Personen

Zutaten: 400 g Wolfsbarschfilet
4 Baby-Artischocken
Salz
1 Zitrone
Olivenöl
weißer Pfeffer aus der Mühle
8 Kapernbeeren
Kräuter, frisch

Zubereitung: Wolfsbarschfilet waschen, gegebenenfalls Gräten entfernen und in 4 gleich große Stücke portionieren.
Bei den Artischocken 5 cm vom Stiel stehen lassen, den Rest abschneiden. Von der Artischockenblüte die Hälfte abschneiden und halbieren. Den Bart im Innern der Artischocke sorgfältig herauslösen (darauf achten, dass alle Haare entfernt werden). Unter fließendem Wasser gut waschen. Wasser zum Kochen bringen und Salz zugeben. Die Zitrone auspressen und den Saft mitsamt der Schale in das Wasser geben. Die geputzten Artischocken darin ca. 15 Minuten köcheln lassen. In einer Pfanne das Olivenöl erhitzen. Die Wolfsbarschstücke salzen und pfeffern und auf der Hautseite anbraten. Wenden und die Pfanne vom Herd ziehen. Die Kapernbeeren in Scheiben schneiden. Die Artischocken aus dem Wasser nehmen, mit Olivenöl beträufeln und leicht würzen. Mit warmen Kirschtomaten und Coulis Tomate-Olive auf vier Teller anrichten und mit Kräutern dekorieren.

Geflügelfond

Anmerkung: Der Begriff „Fond" wird heute weitgehend mit dem gleichgesetzt, was man früher einmal „Brühe" nannte. Als Beispiel hier nun die Herstellung einer Hühnerbrühe, und zwar in einer ziemlich präzisen Form, die einigen Aufwand erfordert, aber auch ein gutes Resultat bringt. Die Hühnerbrühe ist deshalb gewählt, weil sie in fast allen Zusammenhängen eingesetzt werden kann.

Zutaten: (die Mengenangaben gelten für 1 kg Huhn, müssen also bei einem schwereren Huhn entsprechend modifiziert werden)

1 Huhn von 1 kg, küchenfertig ausgenommen
2 l Wasser
40 g Karotten, gewürfelt
40 g Lauch (nur das Weiße), klein geschnitten
30 g Knollensellerie, gewürfelt
30 g Schalotten, gewürfelt
1 mittleres Lorbeerblatt
6 Pimentkörner
10 weiße Pfefferkörner
5 Thymianzweige (ca. 6 cm)
3 Petersilienstängel (ca. 8 cm)
½ Knoblauchzehe, geschält, ohne Kern
10 g frischer Ingwer
15 g Champignons, gewürfelt

Zubereitung: Das Huhn zerlegen, also Brust, Keulen und Flügel auslösen. Die Keulen und die Flügel halbieren und das Fleisch mehrfach einschneiden. Das Brustfleisch in einige Stücke zerlegen. Die restlichen Karkassen grob zerhacken. Alle Hühnerteile sorgfältig abwaschen, dann mit dem kalten Wasser aufsetzen und sehr langsam zum Kochen bringen. Den nach einiger Zeit aufsteigenden Schaum mit einer Schaumkelle immer wieder abschöpfen, dabei unbedingt vermeiden, dass die Flüssigkeit stark aufkocht. Wenn sich kein Schaum mehr bildet, Deckel auflegen und minimal köchelnd zwei Stunden weitergaren. Die Flüssigkeit sollte dabei nicht reduziert werden.

In der Zwischenzeit die Gemüse, Kräuter und Gewürze vorbereiten. Nach den zwei Stunden alle Zutaten in die Brühe geben und noch eine Stunde bei ganz leicht geöffnetem Deckel leise köcheln lassen. Den Topf vom Herd nehmen und 10 Minuten ruhen lassen, damit sich die Schwebstoffe absetzen. Mit einer Schöpfkelle die Flüssigkeit vorsichtig durch ein Sieb in einen anderen Topf passieren. Nicht schütten, weil sonst die Brühe wieder verunreinigt wird. Weitere 6–8 Minuten warten. Dann geviertelte Blätter Haushaltspapier vorsichtig und zügig über die Oberfläche ziehen, um die Brühe zu entfetten. Nach etwa 12–16 Stückchen sollten auf der Oberfläche höchstens noch winzig kleine Fettaugen zu erkennen sein.
Das Aroma der Brühe ist jetzt noch nicht sehr intensiv. Es wird allerdings bei der Herstellung von Saucen durch die starke Reduktion deutlich kräftiger und trägt zum tiefen Geschmack einer guten Sauce bei. Für Suppen empfiehlt sich eine langsame Reduktion um etwa die Hälfte.

Produktliste

Die folgende Produktliste soll in erster Linie als Einkaufsführer und als Orientierung für einige produktspezifische Details dienen. Von quasi allen Produkten gibt es sehr unterschiedliche Qualitäten. Stehen für ein Gericht ausschließlich gute Grundprodukte zur Verfügung, kann es erheblich besser werden als mit schwachen. Schwache Produkte können andererseits verhindern, dass – trotz guter Rezepte und präziser Arbeit – überhaupt eine nennenswerte Qualität bei der Zubereitung erzielt wird. Die folgende Liste ist keine hochspezielle Spitzenküchen-Liste mit den besten Produkten der Welt, sondern eine Orientierung für solide Qualitäten, die ohne Schwierigkeiten zu beschaffen sind.

Agar-Agar Das Agar-Agar ist ein Binde- und Geliermittel, das im Prinzip wie Gelatine eingesetzt werden kann. Man findet es normalerweise in Asia-Läden, mittlerweile aber auch schon einmal im normalen Feinkosthandel. Im Gegensatz zur Gelatine ist Agar-Agar (ein Algenextrakt) weitaus vielfältiger einzusetzen. Die wichtigste Eigenschaft ist, dass Agar-Agar bis etwa 80 Grad hitzestabil bleibt, während normale Gelatine sehr empfindlich auf höhere Temperaturen reagiert und schon bei Zimmertemperatur mehr oder weniger schnell schmilzt. Außerdem lassen sich mit Agar-Agar ohne Probleme sehr feste Gelees erzeugen, die spezielle kulinarische Verwendungen ermöglichen.

Balsamico Der berühmte italienische Aceto Balsamico existiert in allen möglichen Fassungen vom Billigprodukt beim Discounter bis zu Luxusversionen wie zum Beispiel hundert Jahre alte Essige, die nur in kleinsten Fläschchen zu Preisen von mehreren hundert Euro angeboten werden. Der Unterschied ist in erster Linie die aromatische Komplexität und Dichte. Während die Billig-Balsamicos kaum anders sind als ein dunkler Weinessig, werden die besten Balsamicos quasi nur tröpfchenweise verwendet. Was die Verwendung in der Küche angeht, muss man differenziert denken. Für einen guten Salat genügt ein eher junger Balsamico von guter Qualität. Solche Versionen sind etwa 5 bis 8 Jahre alt. Erst für einen Einsatz, bei dem der Balsamico nicht so stark mit anderen Dingen vermischt wird, sondern präzise allein wahrgenommen werden soll, lohnen sich dann die besseren Sorten. Um die Basis-Qualität zu ermitteln, hilft nur eine Probe. Ein Balsamico, der mehr oder weniger wie ganz normaler Essig schmeckt, lohnt die Anschaffung nicht. Hat er dagegen eine etwas dickflüssigere Konsistenz, eine gewisse Süße und ein deutlich komplexeres Aroma, handelt es sich um einen gut verwendbaren Balsamico.

Bauchspeck In früheren Jahren wäre die Nennung von Bauchspeck in einer Produktliste fast unnötig gewesen, weil er einfach zum Kücheninventar gehörte und in allen möglichen Zubereitungen (vor allem in den früher oft vorkommenden Suppen und Eintöpfen) verwendet wurde. Heute hört sich für viele Leute schon das Wort unseriös nach Fett und Kalorien an. Tatsächlich ist der Bauchspeck, den man am besten in einer leicht geräucherten Version kauft, ein hervorragender Aromenspender. In Saucen, Suppen oder anderen Zubereitungen mitgekocht, bei denen es um eine komplexe Aromatisierung geht, liefert er einen wunderbaren, leicht nach Fleisch schmeckenden Hintergrund mit einer ebenso leichten Räuchernote. Seine Verwendung ist sehr gut zu dosieren, weil er in Stücken oder Scheiben der Zubereitung beigegeben wird und diese Stücke jederzeit entfernt werden können, wenn man den Eindruck hat, er habe jetzt genügend Aroma abgegeben.

Blätterteig Die Herstellung von Blätterteig gehört zur hohen Schule der Küchenarbeit. Die Kenntnis von der Herstellung ist in diesem Buch nicht nötig, weil für die hier eingesetzte Verwendung ein handelsüblicher Blätterteig eher noch besser zu handhaben ist. Blätterteig ist normalerweise problemlos in Supermärkten zu bekommen. Er ist ein Kühlprodukt mit begrenzter Haltbarkeit und muss im Kühlschrank gelagert werden.

Butter Es gibt grundsätzlich drei Hauptsorten von Butter, unterschieden danach, ob sie nicht gesalzen (was der normale Zustand von Butter ist), leicht gesalzen oder deutlicher gesalzen ist. Für die Arbeit in der Küche kommt unter normalen Umständen nur ungesalzene Butter in Frage, weil ansonsten der Salzgehalt schwierig zu kontrollieren ist.

Es ist nie ein Problem, Salz irgendwo hinzuzufügen. Es ist aber unter Umständen ein großes Problem, ein versalzenes Element noch zu retten.
Die Unterscheidung in pasteurisierte Butter (also eine Butter, die zum Abtöten möglicher Keime erhitzt wurde) und Rohmilchbutter ist für die meisten Verwendungen in der Küche nicht so wichtig. Unter Umständen kann eine sehr individuell schmeckende Rohmilchbutter sogar Schwierigkeiten machen, weil ihr Aroma zu speziell ist. Eine gute, ungesalzene Butter ohne jede Zusatzeffekte (z. B. leichtere Streichfähigkeit) ist für die Küche optimal.
Mittlerweile ist auch ungesalzene Butter weit verbreitet. Rohmilchbutter findet sich eher im Fachhandel (Käsehandel) oder in gut sortierten Lebensmittelabteilungen.

Crème de Cassis Die Crème de Cassis („Cassis" = schwarze Johannisbeere) ist kein Johannisbeersaft, sondern ein Likör von der schwarzen Johannisbeere, der in Frankreich besonders im Raum Dijon eine große Tradition hat. Auch hier gibt es natürlich deutliche Qualitätsunterschiede, die – wie meistens der Fall – sich in erster Linie in der Komplexität des Aromas zeigen.

Crème fraîche Bei diesem bekannten Grundprodukt der französischen Küche sollte in jedem Fall die Sorte mit dem höchsten Fettgehalt gekauft werden, weil sie einfach den besten Geschmack hat. Von fettreduzierten Sorten ist in diesem Zusammenhang abzuraten. Die besten französischen Sorten haben über 30 % Fettgehalt, sind aber vor allem im Aroma den meisten deutschen Sorten vorzuziehen. Die französischen Sorten sind heute in besseren Supermärkten und Käsegeschäften weit verbreitet.

Creme von getrockneten Tomaten Diese Creme gibt es normalerweise in kleinen Gläsern, die auch nicht so ganz billig sind.
Es werden allerdings nur Mengen im Teelöffelbereich benötigt, weil die Creme sehr aromatisch ist. Ihr Geschmack ist kräftig und pur gegessen fast etwas herb. Das charakteristische Aroma von getrockneten Tomaten ist allerdings so gut und so vielfältig zu verwenden, dass man auf jeden Fall damit arbeiten sollte. Die Creme von getrockneten Tomaten gibt es in italienischen Feinkostgeschäften oder anderen Läden bzw. Abteilungen von Kaufhäusern mit einer guten italienischen Abteilung.

Ei Bei den Eiern ist unbedingt auf Frische zu achten. Unabhängig von den Daten auf der Verpackung sollte grundsätzlich ein Frische-Test gemacht werden. Dazu legt man das Ei in eine mit Wasser gefüllte, durchsichtige Schüssel (z. B. einen Rührbecher vom Stabmixer). Ein frisches Ei bleibt auf der Seite auf dem Boden liegen. Hebt sich die Spitze deutlich an oder steht das Ei senkrecht, hat man eine mittlere Frische, die dann noch zu verwenden ist, wenn das Ei hoch genug erhitzt wird (also zum Beispiel nicht für eine Mayonnaise, bei der das Ei roh eingesetzt wird). Löst sich das Ei vom Boden, kann es nicht mehr verwendet werden und ist zu alt.

Essig Der „normale" Essig (im Gegensatz zum Balsamico, siehe oben) findet im Zusammenhang mit der Tomate am ehesten in einer Vinaigrette Verwendung. Unter den preiswerten Essigen ist ein Sherry-Essig normalerweise immer eine gute Empfehlung. Er schmeckt nicht so technisch-neutral wie manche Billig-Essige. An parfümierte Essige aus dem Supermarkt (zum Beispiel Estragon-Essig) sollte man sich nicht gewöhnen, weil es meist keine wirklichen Essige von dem entsprechenden Aroma sind, sondern weil sie mit künstlichen Aromen behandelt wurden und nur ein Stückchen Kraut etc. „als Alibi" im Essig schwimmt. Die Kombination eines guten Wein- oder Sherry-Essigs mit dem natürlichen Kraut ist immer vorzuziehen.

Fisch Es kommt für ein auch nur irgendwie um Qualität bemühtes Kochen grundsätzlich nur frischer Fisch in Frage. Trotz aller gegenteiligen Behauptungen ist Tiefkühlfisch nicht so gut.
Er wird zwar von sehr frischem Fisch hergestellt, dafür fügt das längere Tiefkühlen dem Fisch aber nicht mehr zu reparierende Zerstörungen im Gewebe zu. Fisch wird leider bei uns fast nur noch als Filet angeboten, bei dem man – anders als beim ganzen Fisch, wo man zum Beispiel durch das ▶

Vorhandensein von konkaven, dunklen und glänzenden Augen Frische feststellen kann – allerlei Routine braucht, um dessen Frische festzustellen. Hier hilft nur ein Händler des Vertrauens.

Fonds Natürlich ist die eigene Herstellung von Fonds und deren möglichst frische Verwendung unter Umständen besser als die handelsüblichen Versionen. Wegen des Aufwandes und der Schwierigkeit, in kleineren Haushalten ständig diverse Fonds zur Verfügung zu halten, wird in diesem Buch der Einsatz handelsüblicher Fonds vorgeschlagen. Es gibt sie von verschiedenen Firmen, meist im Glas. Konzentrate (also auch zum Beispiel Brühwürfel) haben damit wenig zu tun. Für eine gute Küche werden diese Fonds in sehr vielen Fällen gebraucht, wobei wichtig ist, dass sie flüssig sind, damit sie zusammen mit anderen Flüssigkeiten reduziert werden können.

Fünf-Gewürze-Pulver Dieses chinesische Pulver besteht normalerweise aus Nelke, Piment (Nelkenpfeffer), Fenchelsamen, Sternanis und Zimt. Es ist in Asia-Läden oder in gut sortierten Fachabteilungen zu bekommen.

Früchte Für die Arbeit in der Küche gibt es bei genauerer Betrachtung nicht nur für reife Früchte eine Verwendung, sondern durchaus auch für nicht so ganz vollreife. Die reifen Früchte muss man – unabhängig von einer „technischen" Überprüfung auf Unversehrtheit – probieren, um wirklich festzustellen, ob sie gut sind. „Gut" sind sie dann, wenn sie klar und intensiv zum Beispiel „nach Aprikose" schmecken. Was hier so banal klingt, stellt sich in der Praxis oft als ziemlich schwierig heraus. Die nicht so ganz vollreifen Exemplare, wie zum Beispiel ein leicht säuerlich-frischer und fester Apfel der Sorte Granny Smith, sind für manche Einsätze als bestimmte Texturelemente sehr wesentlich.

Fruchtsäfte Beim Kauf von Fruchtsäften sollte man darauf achten, nur möglichst reine Fruchtsäfte zu bekommen, die nicht zusätzlich gezuckert oder mit anderen Zutaten versetzt sind.

Garnelen Der Kauf von frischen, rohen Garnelen ist bei uns normalerweise nicht möglich. Der Ersatz sind Tiefkühlgarnelen, am besten in einem noch nicht durchgegarten Zustand (also noch nicht rot). Bei diesen Garnelen kann nicht nur die Garung so beendet werden, dass sie besser ausfällt als bei den normalerweise immer etwas zu fest gegarten Exemplaren, sondern sie kann auch während dieser Garung durch eine Court-Bouillon noch etwas aromatisiert werden. Was die Herkunft angeht, sind Tiefseegarnelen der Zuchtware aus Südostasien vorzuziehen.

Gelatine Die normale Gelatine wird in Platten oder als Pulver angeboten. Beides muss vor der Verwendung eingeweicht werden. Das Pulver ist dabei praktischer, dafür sind die Platten besser zu dosieren. Die Gelatine wird als Geliermittel in letzter Zeit immer stärker von diversen anderen Mitteln (unter anderem Agar-Agar, s. Seite 102) abgelöst, die oft vielfältiger einzusetzen sind.

Gemüse Gemüse ist dann gut, wenn es sortentypisch schmeckt und in einem technisch einwandfreien Zustand ist. Bei manchen Sorten ist der Geschmack der Sorten untereinander mehr oder weniger ähnlich, andere Sorten (darunter auch die Tomate) können extrem unterschiedlich ausfallen. Anders als beim Obst sind viele junge Gemüse besonders zart und fein im Geschmack. Der Gemüsekauf ist ebenfalls eine Vertrauenssache. Viele Supermarktangebote sind oft in einem schlechten Zustand. Entscheidend ist ein kenntnisreicher Händler, der wirklich weiß, was ein gutes Produkt ist, und es entsprechend im Großhandel sucht und findet.

Gewürze, allgemein Auch die Gewürze gibt es in völlig unterschiedlichen Qualitätsstufen, selbst da, wo man nicht damit rechnet, wie zum Beispiel bei den Nelken. Da der Gewürzhandel nicht mehr sehr weit verbreitet ist, sollte man dringend einmal versuchen, irgendwo gute Gewürze zu probieren. Je besser die Gewürze sind, umso mehr lohnt es sich, ihr Aroma ganz deutlich einzusetzen. Die Gewürze der großen Handelshäuser sind nicht pauschal zu empfehlen. Sie entsprechen normalerweise einer durchschnittlichen bis schwächeren Qualität.

Hackfleisch Dieses sehr weit verbreitete Produkt ist auch eines der empfindlichsten, weil es sehr schnell verdirbt. Hackfleisch sollte am Tag des Kaufes verzehrt werden. Seriöse Geschäfte zeichnen ihr Fleisch entsprechend aus (Herstelldatum und Verfallsdatum müssen identisch sein) oder hacken es erst bei Bestellung ganz frisch. Für die meisten Verwendungen ist Rinderhack vorzuziehen.

Honig Der Honig ist eine weitgehend unterschätzte Zutat, die nicht nur einen sehr schönen Mischgeschmack mit allen möglichen Produkten erzeugen, sondern mit diversen speziellen Sorten auch sehr kreativ eingesetzt werden kann. Auffällige Sorten sind zum Beispiel der Kastanienhonig, der Lavendelhonig, der Buchweizenhonig oder der Eukalyptushonig. Die verschiedenen Honigsorten sind mittlerweile weit verbreitet. Am besten ist die Auswahl direkt beim Imker (wo sie natürlich – abhängig von der Vegetation – in der Sortenvielfalt begrenzt sein kann) oder bei entsprechenden Marktständen.

Huhn Der Einkauf von Hühnerfleisch ist nach wie vor in Deutschland ein großes Problem, weil noch keine eindeutigen Kennzeichnungen bestehen, die für eine bestimmte Aufzucht und die damit verbundene Qualität garantieren (wie in Frankreich). Normalerweise sollte für ein Rezept, in dem Hühnerfleisch eindeutig im Vordergrund steht, das beste gekauft werden, was zu bekommen ist – vom Bio-Huhn bis zur Bresse-Poularde. Für Verwendungen, in denen das Fleisch stark aromatisiert wird (wie in diesem Band bei dem Wok-Gericht) ist eine Hühnerbrust guter Herkunft (Bio oder ähnlich zertifizierte Ware) ausreichend. Dennoch sollte man sich einmal den Unterschied zwischen einem guten und einem schwächeren Huhn anhand einer Parallelverkostung klar machen.

Ingwer Ingwer ist eine kulinarisch sehr vielfältig verwendbare Zutat, die außerdem noch in stark unterschiedlichen Produkten verkauft wird. Als Gewürz wird in erster Linie ein Ingwerpulver verwendet. Dann gibt es die rohe Ingwerwurzel, aber auch eingelegten („konfierten") Ingwer in Form von etwas glasig wirkenden Kugeln (meist im Glas) oder den Ingwersirup.
Die beste Auswahl haben Asia-Läden, die Produktqualität ist beim Ingwer erstaunlicherweise immer relativ gleich.

Kardamom Dieses Gewürz mit seinem hohen Anteil an ätherischen Ölen wirkt in vielen Zubereitungen „belüftend", fügt also etwas Frische hinzu. Es wird in erster Linie als Pulver, aber auch als (weiße oder grüne) Kapsel verkauft. Auch Kardamom ist eher in Asia-Läden zu bekommen als in unseren Supermärkten.

Koriander Koriander wird in zwei sehr unterschiedlichen Formen und Aromen verkauft. Die hocharomatischen Korianderblätter sind mittlerweile häufig frisch zu bekommen.
Ganz anders schmeckt der Koriandersamen, der am besten grob zerstoßen eingesetzt wird und ein völlig anderes Aroma als die Blätter hat. Koriander gehört zu den Gewürzen, mit denen geniale Dinge gemacht werden, die aber auch wegen ihrer Intensität schnell alles andere überlagern können. Zu bekommen ist der Koriander in allen asiatischen oder vorderasiatischen Geschäften, bisweilen aber auch auf dem Markt oder in guten Supermärkten.

Kartoffeln Entgegen allen anderslautenden Gerüchten gibt es keine Kartoffelsorte, von der man blind behaupten kann, sie sei hervorragend. Auch die angeblich besten Sorten variieren je nach Herkunft und Erzeuger ganz erheblich. Will man eine Sorte mit einer etwas höheren Wahrscheinlichkeit von Qualität kaufen, empfehlen sich die Sorten „La Ratte" (auch als „Drillinge" oder „Bamberger Hörnchen" im Handel) oder „Charlotte". Es gibt aber auch sehr viele andere Sorten, die brauchbar sind, wenn sie das wichtigste Kriterium der guten Kartoffel erfüllen: Sie müssen „nach Kartoffel" schmecken. Das klingt banal, ist aber heutzutage sehr schwierig einzulösen. Für den Einkauf gilt: man braucht einen Händler des Vertrauens und eine gute „Lage" des Kartoffelfeldes (ganz ähnlich wie beim Wein). Außerdem sollte davon abgekommen werden, die Kartoffel als etwas irgendwie Minderwertiges zu betrachten. Eine richtig gute Kartoffel in präziser Zubereitung, mit einer hervorragenden Butter kombiniert und mit etwas Fleur de Sel bestreut, kann eine reine Delikatesse sein.

Kräuter, allgemein Im Allgemeinen sind frische Kräuter den getrockneten bei weitem vorzuziehen. Eine kleine Sammlung von Kräutern kann eine ganz wesentliche Bereicherung für die Küche sein, die immer und überall in irgendeiner Form – ob direkt oder zum Beispiel als Infusionen – eingesetzt werden kann. Selbst schon abgeschnittene Kräuter halten sich gut, wenn sie

▶

wie ein Blumenstrauß in Wasser gestellt werden. In manchen Verwendungen sind aber auch getrocknete Kräuter gut zu gebrauchen. Dazu zählen zum Beispiel die getrockneten provenzalischen Kräuter, die vom Salat bis zu Saucen nützlich sein können, oder ganz allgemeine Kräuter, die man zur Infusion in Flüssigkeiten gibt. Die Wirkung ist oft hervorragend.

Lecithin Ein Pulver, das zur Stabilisierung von Schäumen etc. eingesetzt werden kann. Es ist in Apotheken oder klassischen Drogerien erhältlich.

Mehl Trotz der vielen Sorten Mehl kommt in diesem Band nur das normale Weizenauszugsmehl der Type 405 zum Einsatz. Bei der Pasta-Herstellung zum Beispiel würde die Lage völlig anders aussehen.

Milch Die Qualitätsunterschiede bei Milch sind den meisten Kunden heute schon gar nicht mehr bekannt, weil sie mit H-Vollmilch oder gar mit entfetteter H-Milch groß geworden sind. Für die kulinarische Verwendung empfiehlt sich grundsätzlich Vollmilch. Darüber hinaus sollte man einmal Rohmilch frisch von einem guten Bauern (also ein Bauer, dessen Kühe ein möglichst vielfältiges Futter in der Natur bekommen) probieren, um sich einen Eindruck von der Komplexität des Milcharomas zu machen.

Mozzarella Es gibt unendlich viele Produkte mit Mozzarella und ebenso viele Qualitäten. Für die einfache Verwendung in diesem Band reicht eine normale, möglichst frische Qualität aus, die eine leichte Säure haben sollte.

Muscheln Für die Verwendung in diesem Buch ist es durchaus möglich, einen Tiefkühl-Muschelmix oder eine gute Konserve zu verwenden. In jedem Falle sollten die Muscheln nach Öffnen der Packung sofort verarbeitet werden. Frische Muscheln sind natürlich immer und in jedem Falle besser.

Nüsse In der moderneren Küche sind Nüsse längst nicht mehr nur ein Fall für diverse Desserts. Speziell unter texturellen Aspekten sind Nüsse wie die Walnuss oder die Pekannuss mit ihrer nur leicht festen, aber nicht harten Textur ein sehr interessantes Mittel. Nüsse können in vielen Zusammenhängen vom Salat bis zu Fleischstücken eine hervorragende Ergänzung und Auflockerung sein. Die etwas teurere und seltener zu bekommende Pekannuss ist die kulinarisch vielleicht am besten einzusetzende Nusssorte (neben den fast schon obligatorischen Pinienkernen).

Oliven Das Angebot an Oliven ist bei uns von einer Unzahl von Gläsern und Plastiktüten mit unüberschaubaren Qualitäten bestimmt. Von diesen Produkten sind die meisten weitaus schwächer, als es nötig wäre. Die hier empfohlenen, schwarzen Oliven der Sorte „Taggiasche" sind dunkel, weil sie reif sind, während die meisten schwarzen Oliven lediglich gefärbt wurden. Eine gute schwarze Olive schmeckt intensiv „nach Olive" und hat das typisch volle Aroma der reifen Olive. Die grünen, nicht so reif geernteten Sorten haben wesentlich mehr fruchtige, eher leichter wirkende Aromen, die sich dezenter in die jeweilige Umgebung eines Gerichtes einpassen.

Olivenöl Es gibt mittlerweile reihenweise Bücher über Olivenöl und fast ebenso viele Untersuchungen und Reportagen zu den Betrügereien, die bei der Produktion und im Handel ablaufen. Im Moment ist der sicherste Weg der Einkauf im Fachhandel, also in den mittlerweile überall zu findenden italienisch, spanisch oder französisch orientierten Weingeschäften. Diese Weingeschäfte haben fast alle auch Olivenöle in einer guten Qualität. Gute Öle sind allerdings nicht unbedingt billig (Faustregel ist ein Literpreis ab etwa 15 Euro). Deshalb muss man sich überlegen, was man eigentlich damit machen will. Für manche Funktionen, wie etwa das Anbraten, reicht ein einigermaßen gutes, nicht besonders individuell oder fein schmeckendes Öl ohne weiteres, weil eventuelle Finessen in keinem Fall bemerkt würden. Anders ist die Sache bei Verwendungen, in denen das Olivenöl deutlich herauszuschmecken oder vielleicht sogar ein sehr wichtiges Element ist (u.a. bei Salaten oder allgemein bei späten Zugaben zu Gerichten, bei denen es nicht erwärmt wird).
Die Grundausstattung sollte also ein Basis-Olivenöl und zusätzlich ein gutes Olivenöl sein. – Unter den unübersehbar vielen, oft künstlich aromatisierten Olivenölen ist das natürlich aromatisierte Limettenöl am interessantesten und kann vielseitig verwendet werden.

Orange In der Küche sollten grundsätzlich nur ungespritzte Orangen zur Verwendung kommen. Will man Zesten aus der Schale gewinnen (siehe Stichwortregister), darf die Orange selbstverständlich nicht gewachst sein. Wie immer gilt für die Qualität ausschließlich das Probieren und nicht die Empfehlung einer bestimmten Sorte. Für die Frische ist auf den Stielansatz achten: Ist er noch grün, ist die Orange noch nicht allzu alt.

Paniermehl Bei panierten und dann in Fett schwimmend ausgebackenen Elementen ist die Qualität des Paniermehls viel wichtiger, als man meint. Am besten sind getrocknete Brötchen, die mit einer Reibe zerkleinert und dann durch ein normales Sieb passiert werden. Ein solches frisches Paniermehl schmeckt wesentlich besser als die meisten handelsüblichen Sorten. Bei diesen sollte vor allem darauf geachtet werden, dass sie nicht zu lange aufbewahrt werden – was gerade bei Paniermehl häufig passiert.

Parmesan Zu empfehlen ist die Investition in Parmigiano Reggiano (den echten Parmesan) am Stück, und zwar ruhig etwas älter (zwei Jahre wären gut). Dieser Parmesan wird grundsätzlich erst im letzten Moment gerieben oder in Späne aufgeschnitten. Ein guter Parmesan ist ein ganz wesentliches Element in der modernen Küche. Speziell die mit einem feinen Hobel gewonnenen Späne sind ein „Würzmittel", das in allen möglichen (und nicht nur italienischen) Gerichten Verwendung findet. Die fertig geriebenen Käse in Beuteln sind von keiner entsprechend guten Qualität gewonnen. Außerdem trocknet der Käse in angebrochenen Tütchen sehr schnell und verliert viel von seinem Aroma.

Passato Die pürierten und passierten Tomaten meist italienischer Herkunft sind eine gute Basis für Tomatensaucen etc. Da das Passato von reifen Tomaten gewonnen wird, schmeckt es etwas kräftiger, als wir das von unseren Tomaten normalerweise gewohnt sind. Es sollte sich um ein reines Passato ohne Zugabe von weiteren Gewürzen handeln.

Penne Eine Röhrennudel, die mit Schrägschnitten in kurze Stücke zerteilt wurde. Die Auswahl der Nudelsorte ist nicht allein nur Zufall. Die Penne zum Beispiel halten/transportieren durch ihre hohle Form relativ viel Sauce, was bei nicht hohlen Nudeln nicht so der Fall ist. Die Nudelqualität kann je nach Gericht eine sehr große Rolle spielen. Für normale Verwendungen sollte man auf die Qualitäten großer italienischer Hersteller zurückgreifen. Spitzennudeln aus speziellen Mehlsorten und/oder Hartweizengrieß können rund zehnmal so teuer sein wie die „normalen" Sorten.

Piment Piment ist ein Gewürz, das auch unter dem Namen „Nelkenpfeffer" bekannt ist. Das vielfältige Aroma eignet sich hervorragend für Saucen und Fonds. Etwas Verwirrung gibt es mit dem französischen Wort gleichen Namens, das für alle möglichen Paprika- und Pfefferschoten benutzt wird.

Pfeffer Erst in den letzten Jahren wird so langsam bekannt, dass es neben den üblichen Pfeffersorten (weiß, schwarz, rosa) noch eine Unzahl weiterer mit teilweise ganz speziellem Aroma gibt und dass die Qualität der Pfeffer sehr unterschiedlich ausfallen kann. Natürlich kann man die Grundsorten im Supermarkt kaufen und für die meisten normalen Verwendungen (z. B. in Salaten) auch problemlos gebrauchen. Für speziellere Verwendungen sollte man sich nach und nach eine kleine Sammlung guter Pfeffer anlegen, die man üblicherweise nach wie vor nur in guten Feinkostgeschäften oder im Spezialversand bekommt. Die aromatisch interessantesten Pfeffer sind der Szechouan-Pfeffer, der lange Pfeffer (manchmal auch „Himalaya-Pfeffer" genannt), der Kubebe-Pfeffer und der japanische Sancho-Pfeffer. Für die Küche interessant sind aber auch die Gewürzgläschen mit eingebauter Mühle und einem Pfeffermix. Der daraus frisch gemahlene Pfeffer (Pfeffer sollte natürlich immer frisch gemahlen sein) wirkt sehr vielfältig, weil die eine Stelle so und die andere Stelle anders schmeckt.

Picodon Der Picodon ist ein französischer Ziegenkäse, den es wie die meisten Ziegenkäse in sehr unterschiedlichen Reifezuständen gibt. Für die Verwendung in der Küche ist am besten eine sehr frische Version geeignet. Sie ist im Käsehandel recht weit verbreitet. Diese frische Version schmeckt nicht „nach Ziege", sondern hat ein mildsäuerliches Aroma, das sich ganz vorzüglich mit verschiedenen Elementen kombinieren lässt – sowohl im kalten als auch im warmen Bereich. Ein

▶

solcher Ziegenkäse in seiner frischen Version kann ohne weiteres zur Grundausstattung der Küche gezählt werden. Er ist dem allseits beliebten, aber qualitativ oft sehr unterschiedlichen Mozzarella meist deutlich vorzuziehen.

Pinienkerne Pinienkerne sind nicht ganz billig, aber ein sehr wichtiges aromatisches und texturelles Element. Anders als etwa reife Walnüsse bieten sie relativ wenig Widerstand beim Kauen und können so in sehr feinen Kombinationen eingesetzt werden. Zusätzlich entwickeln sie beim Rösten (in einer beschichteten Pfanne) je nach Bräunungsgrad sehr interessante Röstnoten. Wenn sie dabei allerdings zu dunkel geraten, entwickeln sich Bitterstoffe, die in einem Gericht so störend sein können, dass sie es ruinieren.

Reisessig Der Reisessig ist eine Standard-Zutat der asiatischen Küche, die bei uns mittlerweile schon in normalen Supermärkten mit Asien-Abteilung zu finden ist. Kulinarisch interessant ist vor allem der braune Reisessig mit seinem ganz charakteristischen Aroma. Es ist bei uns weitgehend unbekannt, dass es von diesem Essig fast so viele unterschiedliche Qualitäten gibt wie beim europäischen Weinessig. Die besseren Essige sind viel komplexer im Aroma und eignen sich auch für sehr sorgfältigen Einsatz in feinsten Kreationen. Für einfachere Verwendungen reicht eine Grundqualität, die einen kräftigen Braunton haben sollte. Die besseren Essige bekommt man in guten japanischen Lebensmittelgeschäften, mittlerweile aber auch in guten Feinkostgeschäften und -abteilungen.

Safran Der Safran wird immer das teuerste Gewürz der Welt genannt und ist tatsächlich – je nach Qualität – sehr kostspielig und sehr empfindlich. Andererseits ist eine gute Qualität, die noch nicht zu stark ausgetrocknet ist, aber so wirksam, dass nicht sehr viel davon gebraucht wird. Von speziell günstigen Sonderangeboten ist abzuraten, weil die Qualität unter anderem vom Standort und der Krokus-Sorte abhängig ist. Einkaufsquellen sind etwas schwierig zu lokalisieren, weil zum Beispiel der Safran in vielen Asia-Läden nicht sehr gut ist. Es empfiehlt sich hier der Feinkost-Fachhandel oder sehr gute Lebensmittelabteilungen von Kaufhäusern.

Sahne Wie bei der Crème fraîche hat Sahne nur Sinn, wenn sie möglichst wenig fettreduziert ist. Nur eine Sahne mit einem hohen Fettgehalt (30 % und mehr) schmeckt wirklich wie Sahne und kann in Saucen, aber auch beim Eis oder bei der aromatisierten Schlagsahne zur perfekten Balance der Aromen beitragen.

Salz Man sollte von dem Gedanken Abschied nehmen, dass jedes Essen gesalzen und gepfeffert werden muss. Salz zum Beispiel kann wie jedes andere Gewürz gesehen werden, das nie automatisch eingesetzt wird, sondern immer eine klare kulinarische Bedeutung haben sollte. Eine typische Verwendung wäre etwa, ein Stück Rinderfilet nicht etwa vor dem Braten kräftig zu salzen, sondern erst am Schluss auf dem angerichteten Teller ein paar Körner Fleur de Sel dazu zu benutzen. Normale Industriesalze haben in der Küche kaum noch eine Verwendung. Selbst für Salzwasser zum Garen von Kartoffeln empfiehlt sich der Einsatz von grobem Meersalz. Für die Schlusswürze ist das Fleur de Sel (die „Salzblume“, also die oberste Schicht bei der Gewinnung von Meersalz, besonders rein und aromenstark) verschiedener Herkunft eine der wichtigsten Küchenzutaten. Der Unterschied zu „normalem“ Salz ist gravierend. Neben dem französischen „Fleur de Sel de Guerande“ gibt es solches aus der Camargue, aus Portugal („Flor de Sal“) oder auch aus England („Maldon Sea Salt“). Die Anschaffung lohnt sich wirklich.

Schalotten In diesem Buch werden grundsätzlich Schalotten und nicht Zwiebeln eingesetzt. Sie haben eine mildere, aber komplexere Würze.

Sojasauce Die normal im Handel befindlichen Soja-Saucen sind sich alle vergleichsweise ähnlich, wobei allgemein die Sojasaucen von Kikkoman als die besten unter den handelsüblichen Sorten bezeichnet werden. Tatsächlich gibt es aus kleinen japanischen Soja-Brauereien ganz hervorragende Sojasaucen, die sich zu den normalen Saucen verhalten wie ein guter Balsamico zu einem einfachen Weinessig. Diese Sorten sind allerdings so gut wie nie zu bekommen und außerdem sehr teuer.

Sojasprossen Die Sojasprossen und andere Sprossen werden in ihrer Bedeutung für die Küche leider noch stark unterschätzt. Diese liegt vor allem in der leicht knackigen Textur der Sprossen und ihrer zurückhaltenden Hintergrundwürze. Sie sind ideal als kleines, interessantes Zusatzelement, und das nicht nur in asiatischen Gerichten. Mit „Bio“ (wo die Sprossen immer schon eine große Rolle spielen) muss das gar nichts zu tun haben.

Sternanis Dieses bei uns manchmal etwas schwierig zu bekommende Gewürz sollte man immer in den möglichst kompletten, sternförmigen Stücken kaufen. Anispulver stammt nicht von der gleichen Pflanze und kann die Funktionen von Sternanis in Infusionen (er kommt in eine Flüssigkeit, gibt sein Aroma ab und wird dann wieder aus der Flüssigkeit entfernt) ohnehin nicht ersetzen.

Toastbrot Für die kulinarische Verwendung am besten ist ein gutes Weizenmehl-Toastbrot, das ein sehr vielfältig verwendbares, krosses Element sein kann – vor allem in Form getrockneter Würfel. Weder das Trocknen im Ofen noch das Rösten in der Pfanne ist schwierig.

Trockenfrüchte Hier reicht ausnahmsweise einmal das handelsübliche Angebot für fast alle Verwendungen aus. Die Trockenfrüchte gehören zu den ein wenig in Vergessenheit geratenen Zutaten, die bei weitem nicht nur in Saucen von Schmorgerichten oder winterlichen Desserts Verwendung finden sollten. Mit wenig Aufwand verfügt man hier über eine ganze Reihe interessanter Aromen, die zum Beispiel klein gewürfelt in verschiedenen Saucen oder Füllungen Verwendung finden können.

Vanille Vanille kommt in diesem Buch als Vanillepulver (das ist die pulverisierte komplette Vanilleschote, also nicht nur die eigentlichen Körner) und als Schote vor. Mit den Jahren hat man sich bei Vanille an das sehr einfach herzustellende künstliche Aroma gewöhnt. Es ist dringend zu empfehlen, einmal mit einer Vanilleschote aus dem Fachhandel zu arbeiten, um sich eine Vorstellung von den Qualitäten einer guten Vanille zu machen.

Wein Der normalerweise in vielen Rezepten geforderte „trockene Weißwein“ ist natürlich eine viel zu ungenaue Beschreibung. Es gibt so unterschiedliche Qualitäten, dass das Essen anschließend völlig unterschiedlich ausfallen kann. Unter den Weißweinen sind die Sorten für die Küche gut, die eine ausgewogene Struktur haben, also nicht besonders speziell schmecken. Weiter sind eine gute Säure und eine nicht zu aufdringliche Fruchtigkeit von Vorteil. Zu empfehlen ist zum Beispiel ein „Colombard“ (Domaine de Cassagnoles), ein trockener Riesling oder Pinot blanc oder auch ein nicht zu geschmacksstarker Sauvignon blanc aus Frankreich.

Zitrone Wie bei der Orange sollte die Zitrone ungespritzt und nicht gewachst sein. Bei der Zitrone spielt Frische eine große Rolle. Die ist daran zu erkennen, dass der Stiel-Ansatz noch grün ist.

Zitronengras Das Zitronengras hat in den letzten Jahren bei uns eine starke Verbreitung gefunden. Es ist eine unproblematische Zutat, die mittlerweile nicht mehr nur in Asia-Läden zu bekommen ist.

Typisch ist die Verwendung als aromatisierendes Element, das Suppen, Saucen oder auch Schmorgerichte belebt, vor dem Servieren aber meist entfernt wird. Kleine Stückchen – meist quer geschnittene Ringe – kann man auch durchgaren und z. B. in einem Gemüseragout belassen. Es besteht aber immer die Gefahr, dass das Zitronengras wegen seiner faserigen Konsistenz doch noch nicht gar genug ist.

Stichwortregister

Die Verweise beziehen sich auf die Nummern der Rezepte

Abschrecken in kaltem Wasser/in Eiswasser 13
Agar-Agar 14
Aggregatzustände 13
Air 15
Anrichteringe 17
Arbeitsablauf, Tomatenvariation 19
Aromatisierung, zeitversetzte 4
Aromen, Balance 7
Aromen, Bildung 7
Aromen, Verdichtung durch Reduktion 6

Blätterteigboden 17
Bratkartoffeln 18
Butter, gleichzeitige Verwendung von Olivenöl 12
Butter schmelzen 2

Dekonstruktion 14

Emulsion 1
Espuma 15
Essen von komplexen Gerichten 6

Frittieren 13

Garnelen, Garung 11
Gelatine 15
Gewürzraum 8
Grundzubereitung 1

Hackfleisch anbraten 11
Hefe-Gärung 13
Honigsorten 4

Infusion 9

Kartoffeln abschrecken 12
Kartoffeln, Gartest 12
Kirschtomaten, platzende 12
Köcheln 16
Kombinationen, allgemein 21
Koriander 18
Krokant 2

Maillard-Reaktion 4
Mijotage 5
Mischaroma 18

Ofentemperatur 11
Olivenöl, Dosierung 2, 7
Olivenöl, gleichzeitige Verwendung von Butter 12
Olivenöl, „Fäden" 10

Panieren 13
Paniermehl 11
Paprika rösten 17
Parfait 15
Passato 7
Passieren 5
Pasta, al dente-Garung 6
Pasta, Auswahl der Sorte 6
Pfeffermix 16
Pinienkerne rösten 6
Prise 9, 18

Reduktion 6

Sabayon 15
Sahne erhitzen 15
Salat, Proportionen 1
Salat, Komposition 1
Salat, Vorbereitung 1
Salz, Salzgehalt Garwasser 12
Salz, späte Fleur de Sel-Gabe 12
Sauce Bolognese 11
Sauce, klassischer Saucenaufbau 7
Schalotten schneiden 7
Schmelzpunkte, unterschiedliche 20
Schmoren 12
Schwierig 21
Sieb 5
Sphärische Ravioli 12
Stich Butter 10
Subtilität 21
Suppe, ungebundene 10

Tatar 18
Temperatursteuerung 2
Texturen 1
Tomate, 1. Abguss des Tomatenwassers 14
Tomate, 2. Abguss des Tomatenwassers 14
Tomate enthäuten 13
Tomate, gefüllte 11
Tomate, getrocknete Haut 13
Tomate, getrocknete Scheiben 13
Tomate, Ofentomate, Aromatisierung 4
Tomate, Salat 1
Tomate schmelzen 5
Tomate, Sensorik getrockneter Tomatenscheiben 13
Tomate, Temperatur 2
Tomate, Tomatencocktail 20
Tomate, Tomatensahne 15
Tomate, Tomatenwasser 15
Tomate, Würfel von reifen Tomaten 2
Tomate, Würfel von nicht ganz reifen Tomaten 2

Überbacken 11
Ungenauigkeiten bei Mengenangaben 11

Variation 19
Vinaigrette 1
Vinaigrette, „falsche“ 1
Vinaigrette, Grundzutaten 1

Warmhalten 11
Weitergaren 12
Wok-Garung 18
Wurzelgemüse 12

Zesten 1
Zestenreißer 1
Ziehenlassen im Kühlschrank 3

Über den Autor

Geboren in Oberhausen im Ruhrgebiet, Abitur, Militärzeit, Studien der Kunst, Musik und Philosophie an der Kunstakademie Düsseldorf und den Universitäten Köln und Düsseldorf. Von 1970 bis 1983 professioneller Rockmusiker, Aufnahmen für BASF, RCA, EMI. Weiter als Autor und Produzent. 1988 Rückkehr zur Malerei. Zunehmendes Interesse am Kochen seit etwa 1983. Nach einem Briefwechsel von Johannes Gross zum Schreiben über Essen aufgefordert. Seit 1999 Arbeit für die *FAZ*, etwas später dann auch *FAS* und *Der Feinschmecker*. Ab 2005 Autor von kulinarischen Büchern für den Tre Torri Verlag.

Kolumnen / Serien / feste Plätze:
„Geschmackssache" samstags im Feuilleton der *FAZ*
„Hier spricht der Gast" *FAS*
„Wiederbesucht" *Der Feinschmecker*
„Küchengeheimnisse" *Der Feinschmecker*

Bücher:
„Geschmacksschule" *Tre Torri Verlag*
„Kulinarische Intelligenz" *Tre Torri Verlag*
Buchreihe „Kochuniversität" *Tre Torri Verlag*

Jürgen Dollase ist Mitglied der Deutschen Akademie für Kulinaristik/German Academy for Culinary Studies. Informationen über das aktuelle Seminarprogramm finden Sie unter www.kulinaristik.de.

Danke

Jürgen Dollase dankt Bettina und Ralf Frenzel für ihre Weitsicht und ihr Engagement, allen beim Tre Torri Verlag und der CPA! für reibungslose Zusammenarbeit, Holger Gümbel für die Inszenierung der Rezepte, Marion Weinreich für die Assistenz in der Küche, Guido Bittner für das richtige graphische Auge, Patrick Bahners und Andreas Platthaus von der FAZ sozusagen für die Öffnung der Schleusen.